AF314760

L'ART PHONIQUE.

NOUVEAU MODE DE NOTATION.

L'ART PHONIQUE.

NOUVEAU MODE DE NOTATION.

CLEF DES RÉFORMES

DESTINÉES A RÉDUIRE DES NEUF DIXIÈMES LA THÉORIE ET LA PRATIQUE
DE L'ART MUSICAL,
ET A EN RENDRE L'ÉTUDE CLAIRE ET FACILE.

Plus de bémols, plus de doubles bémols, plus de bécarres, plus de
dièses, plus de doubles dièses, plus de clefs, plus d'armatures, plus d'accidents, plus
d'intercalations, plus de suppositions, plus de transpositions, plus d'altérations,
plus de signes équivoques, plus de caractères interprétatifs, plus de contremandes,
plus d'homonymies, plus de papier réglé.

DÉDIÉ

A tous les compositeurs, professeurs, acteurs, maîtres de chapelles
chefs d'orchestre, chanteurs, instrumentistes, graveurs,
imprimeurs, copistes, amateurs, etc.

Par A.-L.-A. DULAURENS.

De tous les choix, choisir le moindre est d'un sage.

(Philosophie de la Nature.)

PRIX, BROCHÉ

L'ouvrage sans les planches, ... 7 fr.
Les planches séparément 3
Le texte et les planches réunis 6

PARIS.

CHEZ L'AUTEUR, RUE DU THÉATRE, 45, A GRENELLE,
ET RUE DE LILLE, 105, A PARIS;
H. BABAN, RUE DE LA HUCHETTE, N° 6
Et chez les principaux libraires et marchands de musique de Paris,
des départements et de l'étranger.

1850.

PARIS. — IMPRIMERIE DE POMMERET ET MOREAU,
17, QUAI DES GRANDS-AUGUSTINS.

L'ART PHONIQUE.

NOUVEAU MODE DE NOTATION.

CLEF DES RÉFORMES

DESTINÉES A RÉDUIRE DES NEUF DIXIÈMES LA THÉORIE ET LA PRATIQUE

DE L'ART MUSICAL,

ET A EN RENDRE L'ÉTUDE CLAIRE ET FACILE.

Plus de bémols, plus de doubles bémols, plus de bécarres, plus de
dièses, plus de doubles dièses, plus de clefs, plus d'armatures, plus d'accidents, plus
d'intercalations, plus de suppositions, plus de transpositions, plus d'altérations,
plus de signes équivoques, plus de caractères interprétatifs, plus de contremandes,
plus d'homonymies, plus de papier réglé.

DÉDIÉ

A tous les compositeurs, professeurs, acteurs, maîtres de chapelles,
chefs d'orchestre, chanteurs, instrumentistes, graveurs,
imprimeurs, copistes, amateurs, etc.

Par A.-L.-A. DULAURENS.

De tous les abus, choisir le moindre est d'un sage.

(Philosophie de la Nature.)

PRIX, BROCHÉ.

L'ouvrage sans les planches.	7 fr.
Les planches séparément.	5
Le texte et les planches réunis.	9

PARIS.

CHEZ L'AUTEUR, RUE DU THÉATRE, 45, A GRENELLE,

ET RUE DE LILLE, 103, A PARIS;

H. RABAN, RUE DE LA HUCHETTE, Nº 6,

Et chez les principaux libraires et marchands de musique de Paris,
des départements et de l'étranger.

1850.

L'ART PHONIQUE.

PREMIÈRE PARTIE.

Il n'est pas une science, un art, une langue, morte ou vivante, qu'un homme doué d'une bonne organisation intellectuelle et d'une certaine force de volonté, ne puisse apprendre, sans le secours de professeurs ; la musique seule fait exception : l'intelligence la plus vaste, la perspicacité la plus vive sont insuffisantes pour acquérir, sans secours étranger, les connaissances nécessaires, je ne dirai pas à l'art de composer et d'exécuter, mais au simple savoir de lire, noter, solmiser et mesurer la musique. Ce fait n'est-il pas la condamnation des systèmes mis en pratique jusqu'à ce jour ?

Rien n'est comparable au désappointement des ama-

teurs, qui, en se livrant à l'étude de la musique, n'a-
vaient d'autre but que de consacrer quelques heures de
loisir à l'acquit d'un talent agréable ; lorsqu'ils abor-
dent le dédale des difficultés, les aspérités des méthodes, dont l'apparente simplicité les avait séduits d'a-
bord, ils reconnaissent que ce qu'ils avaient pris pour
un art facile, l'est infiniment moins que l'algèbre, la
chimie ou l'astronomie ; aussi les trois quarts sont-ils
rebutés de ces obscurités sans cesse renaissantes, et les
plus tenaces n'obtiennent que des notions éphémères.

Certes, nous sommes loin des temps où les questions
musicales, jetant la fermentation dans certains esprits,
divisaient le pays en deux camps : la passion a fait place
à une indifférence peut-être regrettable, et les querelles
des Rameau, des Lulli, des gluckistes et des piccinistes
ne peuvent plus se renouveler ; mais est-ce à dire pour
cela que la lumière ne puisse se faire ? Pourquoi, au
choc stérile des passions, ne ferait-on pas succéder le
choc fécond des idées ? Les rivalités du siècle dernier
ne seraient plus alors qu'une émulation honorable et
surtout profitable à l'art. Le but que doivent se proposer aujourd'hui les hommes d'élite qui s'occupent sérieusement de la musique, c'est la simplification du système musical.

En toutes choses, l'invention n'est qu'un mot ; le

point de départ est presque toujours imperceptible ;
mais tout marche et progresse, c'est la loi naturelle.

Dans les sciences comme dans les arts, les difficultés
naissent en majeure partie des règles, des sentences,
des formules (*), des prohibitions, et surtout des limites que les devanciers imposent aux survivants. L'esprit
humain, dans sa marche ascendante, s'insurge contre
ces barrières ; mais trop souvent, hélas ! il s'égare. Les
efforts qu'il est obligé de faire pour vaincre l'obstacle

(*) L'influence des préjugés m'arrache dès le début une citation. L'on
a prétendu, durant deux siècles, que l'échelle *do ré mi fa sol la si*
constituait la tonalité de *do* naturel majeur, suivant les uns en com-
mençant par *do*, d'après les autres à partir de *sol*, et l'on a décoré cette
succession du nom de gamme. Pour aboutir à quoi ? A prouver tout
uniment que le tétracorde *sol la si do*, dans cet ordre seulement, à soi
seul constitue la gamme de *do* naturel majeur, si tant est que gamme
soit. Par conséquent *do ré mi fa*, dans l'ordre semblable, est la gamme
de *fa* naturel majeur.

Ce n'est pas tout, on a soutenu que la soi-disant gamme *do ré mi fa
sol la si* ne devait recevoir d'autre accompagnement que celui résultant
des trois degrés fondamentaux tonals, et cent fois malheur au téméraire
qui aurait enfreint cette règle dite d'octave aux trois positions ! Les
choses ont bien changé, car on ne voit plus aujourd'hui dans la proposition qu'une échelle ordinaire de telle chance, laquelle est susceptible
de toutes les basses et remplissages harmoniques, qui ne s'éloigneraient
pas des corélations ; or, il ne faut, comme on le sait, qu'un intervalle
commun à deux accords, pour autoriser une succession ; partant de là,
cette formule exclusive n'est plus qu'un omnibus, au choix cependant,
parce qu'il y a fagots et fagots.

l'emportent souvent au-delà du but, et il erre dans le chaos jusqu'au jour où la réflexion et l'expérience l'aient remis dans le bon chemin.

En ce qui concerne la musique, il est certain que les premières notions suffirent tant qu'on ne fit qu'aller terre à terre, et qu'on ne sentit pas le besoin de franchir les colonnes d'Hercule, élevées par les premiers maîtres ; mais lorsque le génie musical, se sentant à l'étroit, voulut aller du connu à l'inconnu, il lui fallut nécessairement amender le système primitif ; des anneaux, des tiroirs devinrent indispensables ; on se lança dans le champ de la licence, et l'on arriva à ne plus avoir assez de moyens d'exécution, ou, ce qui est pire encore, à ne pouvoir plus employer judicieusement ceux qu'on avait créés. C'est alors que l'erreur surgit de toutes parts ; d'insidieux paradoxes sont acceptés comme des vérités, on entasse sophismes sur sophismes, et, au lieu de déblayer la voie, on semble se plaire à l'obstruer.

Loin de moi, toutefois, la pensée de critiquer le système à l'aide duquel tant de chefs-d'œuvre ont été produits, et auquel je suis redevable de quelques connaissances. C'est en m'appuyant sur le passé et le présent que j'ai marché vers l'avenir. La vérité ne m'est pas apparue subitement, je l'ai cherchée longtemps et par-

tout ; la passion du vrai me faisait mépriser les aspérités du terrain, et quand, après de laborieuses veilles,
une étincelle brillait dans les ténèbres où j'avais pénétré, je me trouvais suffisamment dédommagé de mes
peines.

« Il n'est pas aisé, dit J.-J. Rousseau, de savoir pré-
« cisément en quel état était la musique quand Guy
« d'Arrezo s'avisa de supprimer tous les caractères
« qu'on y employait, pour leur substituer les notes qui
« sont en usage aujourd'hui ; ce qu'il y a de vraisem-
« blable, c'est que ces premiers caractères étaient les
« mêmes avec lesquels les anciens Grecs exprimaient
« cette musique merveilleuse de laquelle la nôtre n'ap-
« prochera jamais, quant à ses effets, et ce qu'il y a de
« sûr, c'est que Guy rendit un fort mauvais service à
« la musique, et qu'il est fâcheux qu'on n'ait pas
« tenté, pour sa perfection, ce qu'il a fait pour la
« gâter. »

Le philosophe de Genève me semble ici se laisser en-
traîner trop loin par l'amour du paradoxe ; les Grecs,
possesseurs d'une langue avérée lyrique, rhythmique,
riche encore de qualités imitatives, descriptives, méta-
phoriques, les Grecs, dis-je, créèrent un système dialectophonique vocal et instrumental, mais tellement
chargé d'homonymies, qu'ils ont préféré le chant simple à l'unisson, à l'octavin.

J.-J. Rousseau, qui se fait tant l'admirateur de la musique des Grecs, en niant toutefois qu'ils aient pratiqué l'harmonie, qu'il qualifie ailleurs d'invention barbare, porte à un chiffre énorme le nombre des héros, prêtres, esclaves, dont les voix chorales firent retentir Sparte et Lacédémone d'hymnes en l'honneur de la patrie, de la liberté, de l'immortalité. Ces mélodies, *melos, doux comme le miel*, passèrent aux Romains, dont le premier soin fut de simplifier le système ; chez eux, la musique reçut beaucoup d'extension : les *musici* furent comblés de distinctions ; le perfectionnement des instruments se fit jour ; l'exécution vocale et instrumentale acquit de l'importance.

C'est au déclin de la puissance romaine que les clergés d'Orient et d'Occident amendèrent, un peu trop peut-être, le système ; du moins ils en conservèrent ces intonations pleines de rondeur et de pompe, que les Italiens désignent par le *canto fermo* et nous par le plainchant. Cette mélodie sacrée, dont les accents un peu couverts sont néanmoins jugés dignes d'une mission divine, repose sur le mode plagal, principe de la résonnance de quarte, renversement de la quinte. Il diffère de la musique profane, basée sur le mode authente, principe de la résonnance de quinte, celui de la nature. C'est l'emploi du mode plagal plus circonscrit, privé en quelque sorte de modulation, qui s'opposera toujours à un heureux accord des deux genres de musique. C'est tout l'un ou tout l'autre : et, même en admettant que deux éléments hétérogènes pussent sympathiser, quelles basses assez dignes pourrait-on placer, quand le récit s'empare indistinctement de tous les intervalles riches ? Doubler ou se taire.

Nous nommons aujourd'hui *style à capella* l'imitation de la musique religieuse. Qu'on juge de l'effet que produirait ce bourdon lithurgique, à part digne de sa haute destination, s'il était entendu, privé qu'il est de mesure, dans un battement huit fois plus lent, tel qu'il fut à son berceau !

On doit déjà conclure qu'il n'est pas juste d'accuser l'inventeur des notes en usage aujourd'hui, d'avoir gâté la musique en substituant ces notes aux caractères grecs, et que cette substitution était un véritable progrès. Quant à moi, j'ai la persuasion qu'il n'est pas de système, si étrange ou bizarre qu'il paraisse, dont on ne puisse tirer quelque profit. Aussi, dans mes incessantes et consciencieuses investigations, n'ai-je rien repoussé, rien dédaigné ; une seule pensée m'animait, celle de rendre l'étude de la musique facile à tout le monde.

J'étais ému à l'aspect des travaux immenses imposés

à l'homme qui veut se faire compositeur ; mon plus
ardent désir était d'aplanir cette route si longue et si
rude, où tant de voyageurs succombent avant d'avoir
posé le pied sur la terre promise.

Eh bien ! je le proclame sans fausse modestie, avec
la confiance que l'homme de cœur doit avoir en lui-
même, cette vérité que je cherchais, elle a brillé à mes
yeux ; elle s'est manifestée sous toutes les formes.

Il ne s'agit pas ici d'innovations insignifiantes, systé-
matiques, d'invention oiseuse, de déplacement d'er-
reurs ; c'est une réforme complète, radicale, que je
viens proposer. Nul doute que, sur ce point, les avis
seront partagés ; tant mieux ! du choc des opinions doit
naître la lumière. Les uns ne verront dans mon système
qu'un procédé ingénieux, acceptable, ne fût-ce que
pour ménager le temps, sortir de la confusion, griffer
les pensées, croquer l'improvisation fugitive, rompre
en visière avec un mécanisme obséquieux ; loin de m'en
plaindre, je m'applaudirai, car alors j'aurai l'avantage
de ne pas effrayer les timides, ces antagonistes de toute
innovation.

D'autres, plus perspicaces, verront peut-être dans
ma méthode une véritable Californie musicale, une
mine de réformes dont l'exploitation peut être ajour-

née, mais dont nul ne saurait nier l'évidence et l'avenir. Beaucoup s'empresseront de concourir à son succès, ceux-ci pour s'épargner bien des veilles, ceux-là
comme un moyen neuf, industriel.

Quoi qu'il en puisse être de ces diverses apprécia-
tions, c'est aux sommités du monde musical que je fais
appel, pour accélérer la propagation du nouveau système ; c'est aux Spontini, Rossini, Aubert, Meyerbeer,
Halevy, Berlioz et autres que j'offre de décupler leur
gloire.

J'ai voulu aussi qu'il se répandit dans les masses des
notions assez solides, pour que les diverses factures de
compositions devinssent, dans l'ensemble comme dans
les détails, assez familiers pour rendre plus rares ces
pitoyables jugements : *musique étourdissante, épouvanta-*
ble, détestable, et par contre : *musique admirable, in-*
comparable, inimitable, tous misérables lieux communs
dont la banalité frivole déguise mal une présomptueuse
ignorance.

Voilà ce que j'ai voulu, ce que le temps appelait, et
il dépend maintenant des notabilités choisies pour ar-
bitres que mon vœu se réalise.

Et qu'on n'aille pas croire qu'en réduisant des neuf

dixièmes les complications de la théorie, les agrès de la pratique et les mécanismes d'exécution, le système que je propose ait le triste inconvénient de restreindre ou d'amoindrir les effets de l'art ; s'il en était ainsi, il ne mériterait que le dédain. Loin de là, il agrandit le cercle des connaissances musicales en même temps qu'il ajoute à la diversité et à la puissance des effets.

Je le répète, loin de m'ériger en censeur des anciens rudiments de l'art, je m'incline devant les brillants ouvrages qu'ils ont répandus ; mais je dis que, par l'adoption de mon système, ces merveilles cesseraient d'être le domaine exclusif de quelques privilégiés du génie ; que, plus nombreuses et plus variées, elles joindraient à leur beauté native des beautés supplétives, des transitions magiques, des surprises fascinantes ; car je crois l'arme nouvelle douée de qualités et de ressources capables de faire éclore des fruits ignorés, et, ce qui peut paraître paradoxal sans l'être, je la crois destinée à ouvrir la voie de l'inconnu à l'inconnu.

Je dis encore que le style éclectique des productions modernes serait généralement mieux goûté, les épurations mieux senties ; que leur influence sur l'esprit des populations serait plus immédiate et plus efficace, si l'on eût travaillé sérieusement à rendre l'étude de la musique accessible à toutes les intelligences, à toutes

les aptitudes, à certaines classes et positions sociales ;
au lieu d'en augmenter sans cesse le fatras par de pré-
tendus perfectionnements, par des abécédaires lillipu-
tiens, qui ne sont en réalité que des progrès à re-
culons.

Ce n'est certainement pas sous le rapport du nombre que pèchent les ouvrages élémentaires classiques
et didactiques publiés sur la musique, puisque, dans
l'Europe centrale, leur chiffre dépasse quarante-cinq
mille, ce qui n'est rien encore en comparaison des
œuvres lancées dans le monde sous le titre ambitieux
de méthodes. Les ouvrages de cette espèce pullulent ;
les bibliothèques en sont encombrées : leur nombre
excède cent cinquante mille (*), encore l'honorable
M. Fétis, qui supputait, vers 1836, l'effectif de ces méthodes, traités, études, vocalises, etc., n'entendait-il parler que des œuvres modernes.

Chacun de ces ouvrages a la spécieuse prétention d'é-
claircir les mystères de l'art. Eclaircir, grand Dieu !...

(*) De pareils chiffres sont-ils faits pour inspirer la confiance sur l'u-
nité des principes enseignants ? Ne laissent-ils pas au contraire planer
des soupçons sur le décousu et le défaut d'enchaînement des méthodes ?
Un esprit droit et libre ne se dira-t-il point à la vue de tant de principes
dissidents : il faut qu'il y ait nécessairement impuissance, ignorance ou
fourberie.

là des mystères!... Franchement, dites avec moi qu'ils épaississent les ténèbres et font de la musique un labyrinthe inextricable (*).

C'est un véritable miracle que l'art n'ait pas succombé sous ce fardeau, et, loin de s'étonner que parmi les personnes qui se vouent à l'étude de la musique il n'en soit qu'un petit nombre qui, douées d'une organisation d'élite, persévèrent et marchent résolument vers le but, on doit être surpris qu'il s'en trouve dont la foi ne se soit pas affaiblie, dont l'imagination n'ait pas été glacée par la prodigieuse multiplicité des règles contradictoires, prohibitions, tolérances, licences que le musicien a mission *sine qua non* d'accorder, d'harmoniser... quand même.

Que l'on songe donc aux prodigieux efforts mnémoniques qu'exige plus d'une centaine de signes tracés, ou sous-entendus, ou inscrits à la clef, dont il faut se rappeler les effets durant tout un morceau, sans hésiter jamais, quelle que soit la rapidité du mouvement, en tenant compte des contremandes; lesquels signes re-

---

(*) N'est-ce pas un supplice cruel pour tout autre qu'un Reicha, un Zimmerman, de ne pas croire deux mots de ce qu'il enseigne à un élève, lequel n'est à coup sûr récalcitrant et raisonneur que parce qu'il sent son maître s'agiter dans le doute?

présentent une armée de bémols, doubles bémols, bécarres, dièses, doubles dièses, une légion de pauses, demi-pauses, soupirs, demis, quarts, huitièmes de soupir ! Qu'on songe à cette profusion de notes, variant chacune au minimum dix-sept fois de signification, vingt-une fois en moyenne, et rigoureusement vingt-neuf fois dans l'intérieur d'une seule octave ou polyphon ; susceptibles encore de mutations linéaires ou postiches, s'il faut reproduire ces notes à des octaves inférieures ou supérieures ; variant en outre de qualification sous l'influence de quatre, cinq clefs coutumières, de sept clefs, ni plus ni moins, pour l'usage des corps de rechange, dans les instruments de métal et les instruments de bois de diverses constitutions tonales ; que l'on se représente, dis-je, ces immenses complications, et l'on pourra se faire une idée du mérite du système que je produis sous le nom de *phonique*. Il est l'expression des principes développés dans le traité complet que je me propose de faire paraître ultérieurement, tâche dans laquelle je serai peut-être devancé, ce qui, dans l'intérêt de l'art, me flatterait au lieu de m'attrister (*).

(*) Cette tâche que je m'impose n'empêchera pas, jusqu'à ce qu'elle soit accomplie, de jeunes collaborateurs de livrer de temps en temps à l'impression le résumé des applications classiques et autres qu'ils auront faites, d'après les errements du système phonique.

Ce système, en effet, résume dans un seul corps de doctrine : sonnance, consonnance, dissonnance, altération, diminution, augmentation, prolongation, génération, substitution, intervalle diatonique, chromatique, enharmonique, triades, pléiades, cordes intenses, remisses, mixtes, préparations, résolutions, anticipations, suspensions, tenues, syncopes, pédales, harmonie, mélodie, vocalise, rapport des intervalles, instrumentation, orchestration, exécution, rhythme, mesures, temps, battements, percussions, chants, basses, parties intermédiaires, remplissage, batteries, groupes, ports de voix, placages, rasgadoses, trioleries, fioritures, accords, positions, renversements, dérivés, superpositions ; toutes choses qui s'enseignaient jusqu'ici isolément avec le concours de différents maîtres, exigeaient des années de travaux partiels, et qui, liées intimement entre elles, peuvent et doivent s'apprendre insensiblement, simultanément, sans qu'obligation soit de blanchir sur des abécédaires. On ne saurait nier, toutefois, qu'un maître soit utile pour abréger et prévenir les fausses routes.

Ce n'est qu'après avoir longtemps hésité que j'ai osé livrer à la publicité ce fruit des laborieuses recherches auxquelles je me suis livré à différentes reprises, au sujet d'un système dialectophonique ou langage cosmopolite, à la possibilité duquel j'ai, plus que jamais, soit la témérité, soit la chimérique illusion de croire. Quelques applications des basses dialectophoniques à la notation de la musique, considérée comme langue parlée, m'avaient paru très-satisfaisantes, et pourtant il n'a pas fallu moins pour me décider à mettre mon œuvre au jour, que le bienveillant encouragement d'hommes d'un jugement sûr et éclairé, lesquels, après mûr examen, m'ont représenté que tenir la lumière sous le boisseau serait une mauvaise action; ils m'ont vu la main pleine de vérités, et ils prétendent que je dois l'ouvrir. Que leur volonté soit faite (*).

(*) « Qui sait, dit J.-J. Rousseau, s'il ne se présentera point un homme qui, dégagé de nos préjugés, envisagera la question sous un jour nouveau, et résumera dans un seul et même cadre, d'une manière aussi claire que simple, tout ce qui fait l'objet de nos querelles ? » — Certes je n'ai pas la prétention d'être cet homme; mais ce que le philosophe de Genève a entrevu, je l'ai tenté; qu'un plus heureux le fasse.

DEUXIÈME PARTIE.

EXAMEN DES PRINCIPES SERVANT DE BASE A L'ART PHONIQUE.

Je ne suis certainement pas le premier qui ait senti la nécessité d'une réforme dans le système musical et qui ait tenté de l'accomplir; mais j'ose dire que tous ceux qui m'ont précédé ont failli dans le choix et l'invention des moyens. J.-J. Rousseau lui-même a échoué dans une entreprise de ce genre : il fut exclusif, ce qui est le défaut capital de tous les faiseurs de systèmes ; il fit table rase de tout ce qui existait, et il en vint à remplacer la confusion par une confusion non moins grande, ce qui ne serait pas arrivé, s'il eût conservé de l'ancien système ce qu'il a de bon (*).

(*) De tout temps le métier de réformateur a été rude et périlleux; mais l'époque actuelle offre un contraste frappant, car jamais la société ne s'est montrée plus indulgente et mieux disposée à accueillir les perfectionnements ayant pour but de reculer les limites des connaissances humaines, qui, tributaires les unes des autres, progressent ou déclinent simultanément.

L'écueil m'était trop bien connu pour que je m'y précipitasse les yeux fermés ; c'est pourquoi, avant de préciser les points importants sur lesquels s'étend la réforme que j'ai conçue, je crois devoir faire l'examen des principes imprescriptibles dont cette réforme n'est que l'application rigoureuse, examen que je divise en quatre paragraphes :

1er. . . . . Son, Unisson ;
2e. . . . . Quinte ;
3e. . . . . Octave ;
4e. . . . . Mesure.

SON. — UNISSON.

En musique, non plus qu'ailleurs, l'absolu n'existe pas ; les choses n'ont que des propriétés relatives, et nous sommes irrémissiblement condamnés à n'en pouvoir juger que par assimilation et comparaison.

L'absolu ne nous appartenant point, il est évident qu'il ne saurait y avoir sous le soleil une chose absolument semblable à une autre ; donc il n'y a pas de son absolument semblable à un autre son, lors même qu'ils seraient émis par des corps ayant tous les rapports possibles d'affinité et d'homogénéité. Que deux cordes de même nature, d'une parfaite égalité de longueur, de grosseur et de tension résonnent en même temps, on dira qu'elles sont à l'unisson, et pourtant l'oreille distinguera parfaitement le son de l'une de celui de l'autre ; il y aura donc une différence réelle entre ces deux sons. Mais que sera-ce, si les deux sons partent, l'un d'une corde métallique, l'autre d'une corde de boyau ? d'un violoncelle et d'une clarinette, d'un basson et d'un cor, d'une flûte et d'un piston, d'un hautbois et d'un violon, d'un basson et d'un trombone, d'un altitonans et d'un soprano, d'un bassus et d'un contralto ?

Est-ce que d'ailleurs les voix et les instruments ne sont pas diversement soumis aux variations atmosphériques et climatériques ? Est-ce que les métaux, les bois, les cordes, ne subissent pas, chacun en son sens, les déviations du baromètre et du thermomètre ?

Ainsi, par exemple, la fourche en fer carbonisé, dite diapason, réglée dans des proportions vibrantes pour sonner à Paris, le *la naturel* de l'Opéra, ne sonne-t-elle pas, sous le climat brûlant de Naples, un demi-ton plus bas, *la bémol*, tandis qu'à Stokholm, où l'air est très-raréfié, elle sonne un demi-ton plus haut, *si bémol* ?

Le même effet se produit dans une salle de concert, où la chaleur est nécessairement progressive, à cause des calorifères, des luminaires, ou du seul calorique qui se dégage incessamment de la foule. Le son de la cuivrerie, de la hancherie, monte en raison inverse de l'affaissement des instruments à sons filés. Dans les instruments à claviers, le son des cordes en fer trempé ne descend-il pas en même temps que celui des cordes en cuivre monte? La corde de boyau se raccourcit, de là le son plus aigu; la corde de métal se dilate, de là le son plus grave.

La différence d'un son avec un autre son, choisi pour similaire, est beaucoup plus influencée qu'on ne le pense par les distances, les intersections, les voûtes, la pénurie ou la surabondance des boiseries, particuliérement des tapisseries, le nombre des assistants, les diverses coupes et formes monumentales, etc. Il résulte de tout cela des fluctuations, des déviations harmoniques perpétuelles; mais ce sont des accidents inhérents à la nature des choses : nos organes y sont préparés et habitués; ils passent inaperçus.

Il est donc évident que l'unisson n'est et ne peut être que conventionnel, et que, pour qu'un son soit réputé similaire d'un autre son, il suffit que la différence existant entre eux ne puisse être appréciée dans l'exécution, tant son action est fugitive. C'est ce qui arrive dans toute combinaison phonique, les sons s'évanouissent et se fondent dans la masse harmonique.

C'est le faible des théoriciens, c'est un peu le mien aussi, obscur pygmée, de prétendre que les systèmes qu'ils produisent sont basés sur la nature. C'est là un grand mot qui fait bien en tête d'un traité et qui promet toujours plus qu'il ne tient.

Ces messieurs posent en principe que l'harmonie de la nature est le pivot de l'harmonie phonique, et ils affirment que cela est démontré par l'acoustique, la physique et la métaphysique ; ils affirment cela, mais ils ne le prouvent pas ; ils laissent à d'autres le soin de choisir les preuves dans un effrayant arsenal de cordes tendues, métalliques, végétales, animales, de tubes gigantesques, de cloches, timbres, cristaux, de cornets, de monocordes, chevalets, sillets, sourdines, de barages, tables logarithmiques, etc. Malheureusement de toutes les expériences possibles avec ces éléments, il ne ressort, en dernière analyse, que des preuves d'impuissance et d'erreur, un pêle-mêle, une confusion, un tohu-bohu où l'expérimentateur se perd, et où il court risque de laisser sa raison (*).

____

(*) Est-ce à dire qu'en plaçant vos barages exactement aux lieux recommandés, les intervalles que vous désirez ressortent dans l'ordre direct ? (Entendons nous, car, pour l'ordre inverse, tous les contes fantastiques de vibrations rétrogrades, des reploiements de nœuds au retour de la corde n'intéressent plus que les enfants et les niais.) Mais il en ressort aussi les intervalles que vous ne voulez pas. Est-ce à dire

Les théoriciens se bornent donc à affirmer, et il arrive malheureusement trop souvent que leur parole fait autorité. C'est ainsi que le célèbre Rameau accrédita le système de la basse fondamentale, qui pendant plus d'un siècle fut acceptée, par l'Europe musicale, comme une vérité irréfutable, et que l'on rejeta ensuite comme le comble de l'absurdité.

QUINTES.

On a dit des physiciens : L'envie de tout éclaircir, de tout expliquer, fait qu'ils n'expliquent à peu près rien.

Cette boutade d'un philosophe de mauvaise humeur a toute la portée d'un axiome. Quelle rage pousse donc ces chercheurs de vérités à sortir du champ sur lequel nous a greffés la main divine, et dont elle agrandit la sphère quand les nécessités commandent? Quoi qu'en doive souffrir notre orgueil, il faut le reconnaître, l'esprit humain est bien étroit. Comprend-t-il l'infini?

encore une fois que ces sons seraient produits par la corde à nu, sans le secours de doigtés factices? Loin de démontrer le fait des résonnances implicites, vous prouvez positivement le contraire, et vous me faites jouer du monocorde avec l'habileté que le spécialiste maestro Paganini jouait de sa favorite quatrième.

comprend-t-il le vide? Peut-il dire pourquoi la terre
se meut d'occident en orient au lieu de suivre le cours
opposé? Il en est de même d'une foule de phénomènes
qu'il faut se borner à constater ; la production des quintes est un de ces derniers.

Beaucoup de gens ont appris, un grand nombre ressent qu'un son quelconque, pris au grave, fait résonner à l'aigu, très-aigu, un son que l'on a baptisé quinte.
La résonnance de cette quinte est même assez puissante
pour faire résonner au super aigu une autre quinte,
assez forte elle-même pour en engendrer une troisième,
ainsi de suite, qui se dérobent à l'intelligence, puisque
déjà la seconde ne serait perceptible que de personnes
douées d'organes auditifs d'une excessive sensibilité,
mais dont un cornet acoustique dimensionné démontrerait l'évidence, si l'expérience s'accomplissait sur une
corde ou un tube, d'une étendue ou d'une capacité
relatives.

Si donc, en raccourci, comparativement aux moyens
de la nature, je fais modestement l'appel *do naturel*,
pris comme unité, la résonnance implicite sera

sol... sol... sol;

La résonnance mul-
tiple, faiblement appréciable *ré... ré...ré* ;

La résonnance con-
séquentielle imperceptible *la... la... la*.

Mais si je fais à son tour, comme à l'appel primitif, sonner *sol naturel,*

La résonnance implicite sera *ré... ré... ré ;*
La résonnance multiple,
faiblement appréciable   *la... la... la ;*
La résonnance conséquentielle
imperceptible   *mi... mi... mi.*

Les dernières, toujours faiblement appréciables ou imperceptibles, jusqu'à ce que l'appel successif nous présente la quinte multiple sous l'aspect de la quinte implicite, mais toute proportion gardée de *do* à *sol,* de *sol* à *ré,* de *ré* à *la,* de *la* à *mi,* de *mi* à *si,* etc. (*).

Que si je continue la même opération, j'obtiendrai, par la voie générative, une succession de quintes tempérées par les distances, des résonnances implicites, multiples, conséquentielles jusqu'au phon *do* primitif, qui ferme le cercle harmonique ou le polyphon.

Que si je veux dépasser un nombre égal à douze quintes, je n'obtiens plus que des similarités, des homonymies phoniques, et c'est ici que le plus au moins

---

(*) Les personnes fortement imbues des anciennes règles ou mieux des anciens préjugés concernant la formule du tempérament, feront fort bien de suspendre leur jugement jusqu'après lecture du chapitre.

ne fait pas loi, car des expériences multipliées m'apprennent que moins un système est composé de quintes, plus les accents de sa musique auront une expression mâle, tranchante, décisive ; que plus un système sera composé de quintes, plus les accents de sa musique seront mous, efféminés et lâches (*).

Tel est, d'après mes convictions personnelles, l'interprétation plausible d'un système musical en général, du nôtre en particulier, sous le rapport des influences qui le subordonnent à la nature (**); il est vrai que chez elle, et suivant la marche que ma démonstration indique, ces phénomènes apparaissent disjointement, mais le privilége de la raison sous-double, qui autorise la conversion d'une octave en un unisson, permet de ramener tour à tour chaque quinte disjointe au lieu et place que l'ordre conjoint lui assigne dans l'échelle 1 à 13 du polyphon.

(*) Un système qui emploie peu de quintes est préférable sous tous les rapports, parce que, dans un nombre restreint, on a moins l'embarras du choix, et que les mutations, sans contredit, offrent une diversité plus tranchante.

(**) D'un son donné, aux autres sons, on reconnaîtra très-aisément soi-même que le passage, par exemple, de *do* à *sol*, quinte implicite, et à *ré*, quinte multiple conjointée, se fait sans le moindre effort ; que le passage à l'octave exige une contraction laryngienne ; que tous les autres passages exigent des efforts contrariants affectés. Des exécutants m'apprennent à l'instant que l'expérience faite sur leurs instruments à vent fournit des inductions semblables.

Ces probabilités sur l'action identique de la quinte et des quintes que des opérations mathématiques ne rendraient pas plus saillantes, si elles n'équivalent pas à des preuves, sont victorieusement corroborées par le travail purement mécanique des accordeurs de pianos, dont la trousse géométrique se compose d'une clef, d'un étouffoir, du sentiment et de l'oreille.

La plupart de ces précieux industriels ignorent l'*A B C* musical (*); ils sont par conséquent étrangers à tous rapports intervalliques, à tous calculs différentiels.

Ces boulangers de la musique, dont aucun préjugé n'étouffe le libre arbitre, taillent en plein drap; ils prennent telle touche pour point de départ, et, suivant un roulement qu'on nommait jadis *faire la partition*, ils déterminent successivement les degrés composant un cercle harmonique simple ou double, et, s'appuyant sur les résonnances partielles de ce cadre ou de cet accord, ils ramènent en moins de quarante minutes quatre-vingt-cinq phons, qui, à raison de trois cordes l'un, font deux cent cinquante-cinq cordes; et comme ils réitèrent

---

(*) On se refuserait presque à croire que cette absence de savoir, qui, aux yeux de bien du monde, passerait pour une incapacité, du moins pour une lacune, est au contraire une qualité qui les fait rechercher davantage des harmonistes et des connaisseurs. Il en est pourtant ainsi.

l'opération pour s'assurer de la justesse, cela fait bien cinq cent dix cordes. Plus cet accord est subtilement établi, mieux il vaut, et mieux il résiste aux attaques, aux frottements, ainsi qu'aux influences atmosphériques.

Interrogez cet accordeur sur le principe qui l'a guidé, il répondra qu'il lui est impossible d'en suivre d'autre que celui de la marche des quintes, à partir de tel son donné. « Mon accord est régulier, dira-t-il, je ne saurais mieux faire, voyez plutôt : toutes mes quintes sont égales, elles se balancent, ma partition respire (*). Je m'inquiète fort peu des tierces, ce sont des sixtes renversées, emblèmes de la prostitution ; ne faut-il pas qu'elles jouent tous les rôles : tierce mineure, tierce majeure, quarte diminuée, sixte majeure, sixte mineure, quinte augmentée, septième mineure, sixte augmentée, sans cesser pour cela de faire office de quintes au renversé de quartes ? Ce sont des souffre-douleurs ; elles servent

---

(*) Il veut dire que les triades jouissent des mêmes relations, qu'elles se pondèrent. Or, une triade comprend, au grave l'unisson ; à l'aigu la quinte implicite, et intermédiairement une corde remisse ou une corde intense. Exemple : Tierce majeure. $\left\{ \begin{array}{c} sol \\ mi \\ do \end{array} \right\}$ Tierce mineure. $\left\{ \begin{array}{c} sol \\ b\ mi \\ do \end{array} \right\}$ Le tout, complété par une octave comptée pour rien, puisque c'est la doublure facultative de l'unisson, ou l'unisson même. Ainsi, de même pour toutes les triades du polyphon, lesquelles sont au nombre de 24, ni plus ni moins.

merveilleusement à couvrir les différences qui tourmentent l'oreille (*). Si j'allais m'aviser de jouer aux sons équitables, d'affaiblir les tierces, renforcer les sixtes, chagriner, aiguillonner les intervalles, cela n'en finirait plus ; où m'arrêterais-je, dans l'occurrence ? Que deviendraient mes quintes ? Et si l'une différenciait d'une autre, où en serais-je ? Non seulement ma partition serait étranglée, mais la surélévation ou l'affaissement rendrait les autres quintes si révoltantes, que j'enverrais le métier à tous les..... théoriciens. »

Ainsi, cet homme n'est pas musicien ; mais il a des sens, mais chez lui le sentiment, le principe, dis-je, de la quinte est inné (**) ; son esprit la renferme, son cer-

---

(*) L'instrument à clavier, dont l'accord est le mieux établi dans son ensemble, est celui dont les intervalles, pris à part individuellement, offrent à l'oreille les inharmonies les plus repoussantes : grande fausseté dans les petits rapports, grande justesse dans les grands rapports.

(**) Trop basse, bonjour la quinte, c'est un intervalle diminué sans remissive ; trop haute, adieu la quinte, c'est un intervalle augmenté d'aplomb.

Ceci me rappelle qu'étant en Allemagne, vers 1820, et causant musique avec Klinn-Mayer, ancien moniteur de Bethowen, il me dit : « Mon cher, vous et d'autres avez beau faire, vous ne trouverez jamais dans la musique que *sol-do*. » Il se trompait ; c'était *do-sol* qu'il fallait dire. « Tout le reste n'est que transpositions au grave et à l'aigu. » Comme mon esprit n'est pas resté stationnaire depuis cette époque, là où son œil d'aigle ne voyait que transposition continuelle, *j'ai eu* le bonheur d'entrevoir génération continue, n'importe de quel son l'on parte : *do sol-sol ré-ré la-la mi-mi si-si ké-ké ti-ti bi-bi no-no ré-ré fa-fa do-do sol.*

veau la comprend, son oreille l'approuve, et sa main se laisse d'autant mieux conduire par l'unité des rapports, que l'application qu'il en fait le mène à bon port, sans hésiter, sans tâtonner, ce qu'aucun autre procédé scientifique ne saurait faire; au contraire, il le laisserait en route.

Quelle est donc la cause phénoménale des productions de quintes? Aurait-elle de l'analogie avec le bruit des vents, le mugissement des flots, le murmure des ruisseaux, le gazouillement des oiseaux, les échos, les retentissements, les sonorités? Je ne sais ; mais je constate ce fait militant, qui démontrerait l'impossibilité d'assigner d'autre base rationnelle au système harmonique, aujourd'hui phonique, qu'un nombre déterminé de quintes disjointes, tempérées par la distance des résonnances, converties par rétrocession en intervalles conjoints, au moyen des octaves que la raison sous-double justifie.

J'ajoute qu'il serait puéril de se replonger dans la tourbe des dissertations, calculs, classifications, épilogations, telles que :

Seconde mineure,	Seconde majeure,	Seconde augmentée,
Septième majeure ;	Septième mineure ;	Septième diminuée ;
Tierce mineure,	Tierce majeure,	Quarte augmentée,
Sixte majeure ;	Sixte mineure ;	Quinte diminuée ;
Quinte augmentée,	Septième mineure,	
Sixte mineure ;	Sixte augmentée ;	Etc., etc., etc.

dont la distinction, parce que tel intervalle remplit souvent l'office de deux et de trois, fait naître l'équivoque,
provoque l'indécision, et finirait par devenir une selle
à tous chevaux, si l'esprit le plus vulgaire ne devinait
pas à première vue que les chiffres déroulent infailli-
blement du système, et que le système en soi est indé-
pendant des chiffres, à moins d'admettre aveuglément
que l'homme ait tout fait, tout créé. Or, un être de
raison tel qu'un système musical, aura toujours bon
dos pour se prêter à toutes les exigences.

Quant à moi, j'ai la conviction que, depuis l'anti-
quité jusqu'aux temps anciens, depuis le moyen âge
jusqu'à notre époque, tous les chefs-d'œuvre qui ont
fait l'admiration des siècles doivent leur existence et
leur valeur respective au concours d'un nombre fictif
de 6, 7, 8, 9, 10, 11, 12, 13, 14, 15, 16, 17, 18, 19,
20, 21 quintes ; mais en réalité de douze quintes, ni
plus ni moins, en progression disjointe, tempérées par
les distances et rappelées à la succession conjointe au
moyen de la faculté d'octavier au bas, à l'intermédiaire,
au sommet de la phonie, lesquelles sonnances emprun-
tent leur charme et leur expression, autant des mouvements qu'elles subissent au grave, au médium, à l'aigu,
que du concours... dire du rhythme, cela n'est pas ; dire
de la mesure, c'est trop ; mais de deux mouvements,
l'un binaire, à battements pairs, l'autre ternaire, à bat-

tements impairs, d'une durée plus ou moins prolongée,
précipitée, coupée ou syncopée (*).

Rameau n'était pas philosophe; né musicien, il
devint organiste. Doué d'un génie capable de percer
des secrets, il eut la chance de faire une épreuve frappante de similitude; qu'importe qu'un rêve l'ait pro-
duite? En un mot le principe de la résonnance implicite lui apparut; peut-être même celui de la résonnance
multiple. Radieux, illuminé par ce jet de lumière; sans
prendre le temps de la réflexion, sans consulter les
hommes d'élite qui eussent pu achever de l'éclairer, il
se jeta tête baissée dans ce monde inconnu qui venait
de se révéler à lui. Cela explique les fausses conséquences qu'il tira de cette belle découverte, et la malheu-

---

(*) Pourquoi taire une épreuve que j'ai faite vingt fois et dont le phy-
sicien, l'acousticien peuvent rechercher les causes? Si l'on roule dans
une voiture ou un waggon, et que l'on chantonne pour soi un air quelconque, pourquoi le chant ne paraît-il pas être nu, et entend-on positivement une partie accessoire? Quel est donc cet accompagnement
obligé? Ce ne peut être, à coup sûr, une partie fondamentale et grave,
puisque l'on ne chante jamais que dans le diapason de sa voix; que,
pour chanter dans un diapason plus grave, il faudrait nécessairement
changer d'organes. Or, comme chacun est convaincu que des sons su-
périeurs ne peuvent faire résonner des sons inférieurs, j'avoue qu'à défaut d'éclaircissement, ce phénomène est pour moi une preuve de la résonnance implicite de la quinte dans tous les corps sonores; je dirai
plus, dans toutes les sonorités.

reuse idée qu'il eut d'en faire le grand ressort de sa théorie de la basse fondamentale (*).

Si le système émané de cette théorie ne possédait pas les éléments propres à le perpétuer, on ne peut se dissimuler qu'elle reflétait une lueur étincelante sur l'existence des résonnances implicites, multiples, conséquentielles des quintes. Ce fait me paraît patent, je le signale, qu'un plus savant l'explique (**).

(*) Cette théorie, qui embrasse toutes les parties d'un vaste système, et dont les esprits se fascinèrent pendant près de deux siècles, n'aurait pas résisté vingt-quatre heures à deux ou trois arguments péremptoires du système phonique. Il ne serait pas bienséant de continuer : respect à la mémoire de cet homme illustre !

(**) Deux quintes et deux octaves successives ou masquées par mouvement semblable, entre le chant et la basse, sont formellement interdites. Dans tous les livres, il y a unanimité pour leur proscription, mais il y a divergence dans les motifs de cette interdiction, à ce point que mon opinion n'aurait jamais cessé d'être vague et indéterminée si l'art phonique n'était venu me révéler, non le vraisemblable, mais le vrai.

Deux octaves de suite, dans l'état donné, ne sauraient faire faute, puisqu'elles font toutes deux partie d'un système, et qu'il y a, de plus, autorisation d'unissonner et d'octavier simultanément et consécutivement toutes les parties vocales et instrumentales; mais cela pèche par le défaut de variété, et l'abus en deviendrait insupportable.

Deux quintes de suite ou implicites, dans l'état donné, loin de fauter, font éprouver à l'oreille l'effet que produit à la vue l'aspect de deux, trois, quatre diamants et davantage, de même volume, de même eau, de même éclat, présentés à des distances variables. Cela met dans l'embarras du choix. La quinte, étant le plus riche joyau de la musique, doit être ménagée, pour ne pas, au sein de l'opulence et de la surabondance, mourir de faim, au festin de Balthazar poser sans appétit.

OCTAVES.

Si un tube, une corde, un timbre, sous l'influence des formes, dimensions, grosseurs, longueurs, degrés de tension, voûtes, perforages, pavillons, etc., donne, au moyen de cent vibrations, un son quelconque que nous appelons phon *do* n° 1, ce tube, cette corde ou ce timbre, subissant une réduction de moitié, proportionnelle à toutes les parties, ne donnera plus que cinquante vibrations. La résonnance alors sera moitié plus aiguë; il sonnera par conséquent *do* n° 8 de l'octave (n° 13 du polyphon). L'intervalle compris entre ces deux phons a reçu le nom d'octave, et reçoit de nous le nom de polyphon. C'est toute l'étendue d'un cercle harmonique simple; les numéros 1 et 8 ou 1 et 13 sont les pôles qui traversent le zodiaque phonique dont les douze planètes sont :

Do, ti, ré, no, mi, fa, ké, sol, bi, la, vé, si, do,
0, 1, 13, 2, 3, 4, 5, 6, 7, 8, 9, 10, 11, 12, 13, 1,

où la préexistence est représentée par l'unité. Pour le positif mathématicien, c'est tout uniment :

$$0 + 1 = 1 + 12 = 13 = 13 - 12 = 1 - 1 = 0$$
$$0 + 1 = 1 + 7 = 8 = 8 - 7 = 1 - 1 = 0$$

Nous avons dit plus haut qu'un son ne pouvait jamais être l'équivalent d'un autre son, et que ce qu'on est convenu d'appeler unisson ne peut être que la ressemblance approximative de deux sons émis simultanément; il n'en peut être ainsi de l'octave, cette dernière ne tolère pas d'approximation : tout ou rien. L'oreille la plus rustre s'offenserait de la plus minime différence. C'est l'absolutisme dans toute la force du mot ; de là comme de coutume l'aménité proverbiale : *Rien n'est juste comme l'octave.*

Quelques savants ont prétendu que tout son faisait résonner son octave; ils citent à l'appui l'organisme des voix humaines, qu'en grosse moyenne donnée l'on arbitre à environ l'étendue d'une octave d'un sexe à l'autre, ce dont nous différons peu, car ils disent 8 ou 13, et nous disons 9 ou 15, espace compris entre deux quintes, toujours fidèles à notre conviction de la résonnance implicite de la quinte, c'est-à-dire :

1...5 — 1...5 — 1...5 pour les anciens,
1...8 — 1...8 — 1...8 pour les nouveaux (*).

(*) L'ordre numérique n'est pas le même. La quinte pour les anciens portait, comme son nom l'indique, le n° 5 ; pour nous, c'est le n° 8.

La tierce mineure était pour eux n° 3; pour nous, c'est 4.

La tierce majeure était pour eux n° 4; pour nous, c'est 5.

L'octave était pour eux n° 8 ; pour nous, c'est 15.

Ainsi, de même pour tous les degrés de l'octave ou du polyphon.

Mais n'est-il pas absurde d'asseoir une démonstration sur une base aussi fragile que les voix humaines? Elles sont véritablement si mobiles, il y règne tant d'arbitraire, qu'on se refuse de nos jours à les classifier. Je ne sais s'il ne vaudrait pas autant se baser sur le chant des volatiles; cela mérite-t-il une plus ample réfutation?

Ils citent encore, comme preuve de la résonnance d'octave par l'unisson, l'effet que produit sur la corde une intersection médiale au moyen d'un chevalet mobile, et s'il s'agit d'un tube, à l'aide d'une perforation, d'une coulisse ou d'un piston, en ajoutant qu'il ressort de cette opération une octave cachée d'une justesse admirable. Ils l'affirment, mais au seul mot d'artifice qu'ils laissent prononcer, leur opinion se suicide et fait triompher la nôtre.

Tous les faits allégués en faveur de la résonnance de l'octave dans l'unisson se trouvent repoussés par toutes les preuves physiques. Lors même que les susdites probabilités seraient présentées sous des couleurs encore plus spécieuses et séduisantes, aucun esprit juste et libre ne se prêterait à croire qu'un corps, que toutes les conditions organiques ont conformé pour produire un son n° 1, puisse produire un son n° 8, qui nécessite une dimension et une capacité doubles dans toutes les parties. Arrêtons-nous, le silence vaut mieux souvent que la parole.

Oh! si vous disiez que l'unisson étant, par sa consti-
tution spéciale, dans l'impuissance de faire résonner une
octave qui exige une organisation particulière, il vous
est embarrassant d'expliquer le phénomène d'une ou
de plusieurs résonnances implicites qui vous émeuvent,
nous pourrions déjà nous entendre; mais vous décrétez
spontanément que c'est l'octave qui part; vous ajoutez
qu'elle n'est pas seule et que la tierce, sans préciser laquelle, puisqu'il vous plaît d'en admettre deux, l'une
majeure, l'autre mineure, l'accompagne, suivie d'une
quinte qui bourdonne, soit avant, soit après; toutes résonnances devant, dites-vous, leur existence aux vibrations contrariées, entortillées, à des vrillements et re-
ploiemens des nœuds de la corde à son retour, au déclin
du son. Tout cela est si beau, si savant probablement,
que mon intelligence y fait défaut, et je déclare ne pas
comprendre un mot à tout ce pathos; mais, parlant à
cœur ouvert, je ne le comprends que trop. Eh bien!
franchement, cartes sur table, parce que je suis sous le
coup de la perpétration de la quinte implicite dans
toutes les résonnances, je dis : si l'unisson avait le pouvoir de faire sortir l'octave à l'aigu, car au grave ce serait le comble de l'absurdité, quand cet unisson et
son octave auraient sonné nettement, il ne serait plus
possible d'espérer des résonnances partielles intermédiaires, telles que la tierce, la quinte ou autre. Les
deux points extrêmes murés, le cercle harmonique se-

rait épuisé; au-delà, il ne peut que se renouveler. La propriété de la corde serait excédée; que peut-il résonner entre deux barrages? Pas même la brillante quinte, puisqu'elle ne luit qu'à l'apogée du son ou du son doublé.

Si l'existence de la résonnance implicite de la quinte n'avait point fructifié dans mon esprit, j'aimerais cent fois mieux, comme je l'ai dit ci-dessus, en chercher la cause dans les grands effets de la nature. Là, au moins, la grandeur des conceptions viendrait en aide à la faiblesse de mon imagination; j'y trouverais indubitablement la loi qui régit les échos, le principe, passez-moi le mot, des retentissements diminutifs, des redondances; c'est là que j'apprendrais qu'un son est reproduit similairement, c'est là que le problème de la résonnance implicite de quinte se résoudrait.

J'admets qu'un son sera répété similairement une, deux, trois fois et davantage, c'est-à-dire à l'unisson approximatif, très-bien; mais dire qu'une réponse s'en fera à l'octavin, voilà ce que je nie. Ce serait contre nature, l'éloignement indiquant l'effet inverse. Des personnes qui ont longuement observé les échos, et en ont étudié les causes, affirment avoir très-intelligiblement discerné des redondances à la quinte se mêler aux redites unissoniques; mais, pour ce qui est de réponses à la tierce, à la sixte ou à l'octave, c'est autre chose ; un fait semblable se produirait que la raison se refuserait à y croire.

On a construit des boîtes acoustiques de toutes sortes, et jamais substitution analogue ne s'est fait présumer, encore moins entendre ; croire qu'un casier, à l'appel de *do*, répliquera *mi bémol* ou *mi naturel*, *la bémol* ou *la naturel*, c'est accepter comme vérité le dire de ce mauvais plaisant qui prétendait avoir observé, dans le cours de ses voyages, un écho qui, à l'interrogation *Echo, comment te portes-tu ?* répondait : *je me porte bien* (*).

Il est donc avéré que l'octave est la plus parfaite image de l'unisson ; qu'elle peut, jusqu'à méprise, donner le change à l'unisson, tant l'homonymie est frappante ; qu'elle n'a nulle origine physique, et doit exclusivement l'existence à une opération mathématique, sous l'influence de la raison sus-double et sous-double. Mais ces faits suffisent pour en faire la base secondaire, l'agent *sine qua non* de tous les systèmes harmoniques

(*) L'existence des échos a suggéré l'idée de les imiter par une répétition ou transposition d'un chant simple à l'octave, à la quinte, à la quarte ou tel autre intervalle. Et l'on remarquera que dans ce genre d'imitation, comme sous l'ancienne dénomination de canon, la transposition à la quinte est la plus aisée et celle dont l'effet est le plus flatteur.

sans exception, systèmes dont l'unisson et la quinte
implicite et multiple ont été et seront, l'éternité durant, les deux et uniques bases fondamentales.

MESURE.

Le mot mesure, employé en musique, est consacré
par le temps et l'usage; nul ne saurait contester la justesse de la sentence : *Le ton ne fait pas la musique*, et du
proverbe : *Pas de mesure, pas de musique.*

Nous avons dit que le premier élément de la musique
consiste dans les mutations phoniques du grave, du
médium, de l'aigu, à l'une ou à l'autre de ces combinaisons. Nous ajouterons que ces effets, pour agir effica-
cement sur le cœur humain, seraient insuffisants, s'ils
n'étaient point assujettis à des durées, des tenues, des
divisions, des coupes et des retours périodiques et symétriques.

La réunion de ces deux puissances donne une idée
assez lucide d'un mouvement mesuré; il serait à désirer que l'action de diviser et subdiviser les résultats de
leur amalgame pût donner, dans les indivis, l'idée d'un

rhythme; elle n'en est malheureusement qu'une copie fort pâle.

Si la poésie ancienne, par une heureuse coïncidence avec le chant vocal et instrumental, concourait à une cadence simultanée, condition inséparable d'un rhythme, il n'en est pas de même de la poésie moderne, malgré les travaux, récompensés par des succès, de nos écrivains dramatiques (*).

Dans les langues vivantes actuelles, la phrase musicale peut impressionner l'auditeur assez vivement pour qu'il y retrouve l'expression et le sentiment de la poésie; mais les mots qui concourent à l'expression de cette poésie, pris isolément, n'ont aucune signification de temps, et comme, de leur côté, les intervalles musicaux, pris à part, n'ont aucune valeur précise, il ne résulte évidemment de leur alliance que des battements plus ou moins lents, modérés, vifs, dont la variété, accidentellement coupée de retours fréquents, de contraintes piquantes, aiguillonne les sens, affecte graduel-

---

(*) Cette observation s'applique à toutes les langues européennes indistinctement. On peut citer comme un progrès très-notable les libretti fournis aux partitions lyriques françaises depuis l'apparition de Guillaume Tell, de M. Rossini. Cette amélioration dans la versification, propre à subir le joug musical, est due à M. Scribe. Il serait à désirer que ce genre élucubré de poésie trouvât partout des imitateurs.

lement l'âme et finit par produire une sorte d'entraîne-
ment irrésistible qui va jusqu'à l'enthousiasme chez les
uns; chez d'autres, jusqu'à l'ivresse.

La musique n'étant qu'une suite non interrompue
de cadences, c'est-à-dire de mouvements ascensionnels,
de chutes par conséquent, la place naturelle des premiers appartient au battement pair, puisque les seconds
tombent impérativement sur les battements impairs,
espèce de conclusion ou de résolution qu'aucune volonté
ne saurait empêcher.

Cette explication conduit à celle du bâton de mesure,
sorte de barre séparative que l'on rencontre à tout bout
de champ, aussi bien dans les parties séparées de la
musique, que dans leur réunion, la partition. Ce bâton,
aux yeux de la multitude, jouit d'un singulier prestige,
c'est d'être en tout et partout, quelquefois là où il ne
faudrait pas qu'il fût, mais jamais ailleurs que précisément à l'endroit ou chacun pressent qu'il devrait être,
pour s'accorder avec l'envie ou le besoin de taper de la
main, frapper du pied, quelquefois de son parapluie à
défaut de canne.

Ce bâton prestidigitateur jouira longtemps du privilége magique de marcher de conserve avec l'indication
que le sentiment musical inspire, tant qu'avec lui se

trouvera un mouvement ascensionnel, et après un mouvement suspensif ou de chute, un demi-repos ou un repos, finalement, l'accomplissement d'un acte de cadence; mais attendu que ces conditions n'ont pas été, ne sont et ne seront pas toujours remplies, parce que, chez la masse, l'ennui naquit un jour de l'uniformité, parce que certains écrivains veulent se distinguer des autres par des manières et des tournures à eux, qu'en raison de ce, les actes de cadences ont souvent lieu entre deux bâtons, ou les bâtons ne sont pas placés au lieu des cadences, ou le sont à contre-temps, des temps forts ou des temps faibles, ce qui est la même chose, des frappés et des levés, ou des battements pairs et impairs; d'après tous ces motifs, les théoriciens et les praticiens consommés ne reconnaissent à ce bâton qu'une propriété exclusive (*), une utilité spéciale, celle de circonscrire la vue dans des espaces raisonnablement calculés, afin d'empêcher l'œil de s'égarer, tout en offrant à l'esprit une ordonnance dont la régularité satisfait, soit qu'elle retrace les justes proportions d'une

---

(*) A preuve qu'un bon musicien ne cesserait pas de jouer parfaitement en mesure, puisque mesure il y a, lors même qu'on aurait omis de placer des bâtons, de même qu'il n'a pas besoin, pour régler la division des temps, de regarder le chiffre placé en tête du morceau de musique, il lui suffit de voir l'indication d'un battement pair ou impair, de telle ou telle durée.

toile académique, soit qu'elle rappelle l'asservissement rigoureux d'une poésie au rhythme cadencé de la rime.

Lorsque, abstraction faite des effets moraux de la musique sur l'organisme humain, j'ignore de quelle manière la mesure, cet élément *sine qua non* de la musique, agit sur les sens d'autrui, et lorsque ma raison, prise pour juge de mes sensations personnelles, me place dans l'impossibilité de découvrir, dans toute la musique existante, un autre moteur que des battements réguliers, ai-je besoin de recourir à des conjectures, à des hypothèses? N'ai-je pas assez de la conviction que me fournit la tactique, qui m'apprend que le nombre des battements musicaux n'excède pas six, que je réduirais volontiers à cinq, si la prudence ne m'avertissait pas d'accorder quelque latitude en faveur du mouvement ternaire, dit boiteux (*)?

(*) La somme des six battements égale 210 tierces horaires. Si j'admettais en lenteur un septième battement, toutes proportions gardées, il serait de 70 tierces; les sept battements fourniraient 280 tierces, et, si je divise 280 tierces par 7 battements, j'obtiens un battement mixte de 40 tierces. Or, vous remarquerez qu'il est lui-même représenté par le battement C égal aux 2/3 de la seconde horaire.

Si j'admettais en brièveté un septième battement toutes proportions gardées, il serait de 5 tierces; les sept battements fourniraient 215 tierces; et, si je divise 215 tierces par 7 battements, j'obtiens un battement mixte de 30 tierces. Or, vous remarquerez qu'il est lui-même

Ces battements offrent entre eux les gradations suivantes du plus lent au plus bref :

Battements.	Seconde horaire.	Tierces horaires.
A —	1 » —	60
B —	» 5/6 —	50
C —	» 2/3 —	40
D —	» 1/2 —	30
E —	» 1/3 —	20
F —	» 1/6 —	10

Il est bien entendu que l'un ou l'autre de ces battements a pour représentant dans l'ancien système, soit
une blanche, une noire, une croche, une double croche ; et comme dans ce système le rapport des valeurs
de ces notes entre elles est fondé sur la meilleure base,
la raison sus-double pour les mouvements binaires,
sans point ; pour les mouvements ternaires, avec un
point supplémentaire qui tient lieu du temps boî-
teux ; le nouveau système ne pouvait faire mieux que
d'adopter cette base. Cette préférence sera, je pense,

---

représenté par le battement D égal à une demi-seconde horaire à
$\dfrac{7}{215^{mes}}$ près, fraction insignifiante, car ce reste n'équivaut qu'aux
sept dixièmes d'une tierce horaire, différence sans appréciation maté-
rielle, mais morale, en ce sens qu'elle justifie la convenance d'élever à
six battements le terme rigoureux de cinq.

généralement approuvée. Or, ce principe une fois maintenu,

Le rond évidé sans trait, occupant tout l'espace entre deux barres est censé équivaloir à deux ronds évidés ayant chacun un trait (*fig.* 1) ;

Le rond évidé avec un trait est censé équivaloir à deux ronds noirs pleins ayant chacun un trait ;

Le rond noir plein avec un trait est censé équivaloir à deux ronds noirs pleins avec un crochet ;

Le rond noir plein avec un crochet est censé équivaloir à deux ronds noirs pleins avec deux crochets ;

Le rond noir plein avec deux crochets est censé équivaloir à deux ronds noirs pleins avec trois crochets.

Le rond noir plein avec trois crochets est censé équivaloir à deux ronds noirs pleins avec quatre crochets.

Si l'on ajoute un point après l'une des notes, à l'exception de celle qui est en tête, la durée de chaque note ou signe est censée s'accroître de moitié en sus.

Il est évident que c'est le choix du battement A, B,

C, D, E, F, qui déterminera la lenteur ou la briéveté des notes, subordonnées au plus ou moins de durée voulue (*). Donc la ronde étant prise pour unité de la mesure et les divisions, blanche, noire, croche, etc., étant graduées en raison sus-double, complémentées s'il y a lieu par le point, l'œil saisit sans peine la nature du mouvement, et l'on peut regarder comme une superfétation ces chiffres 4 ou C, 2 ou C, 2/4, 3/4, 6/8, 3/8, que l'on plaçait en tête de chaque morceau.

Les indications *tempo, largo, moderato, risoluto, presto, andante, col expressionne, col moto, etc., etc.,* sont des avertissements dont la continuation est recommandable.

On devine aisément que l'indication du battement musical doit se faire silencieusement; une oscillation de la tête ou des lèvres, un zig-zag imperceptible, suffisent au bon musicien. Les maîtres la battent mentalement. Les Italiens contrôlent à merveille par des figurations de l'orteil; mais les Allemands, impassibles comme le marbre, emploient un moyen infaillible, surtout dans les largo à 6/8, le plus difficile de tous les

---

(*) Un instrument du nom de phonomètre, ou mieux de nomosmètre de la forme d'un tambour sur lequel un marteau, mu par un ressort, frapperait les six nuances de battements susdits, indiquerait toutes les durées nécessaires à l'usage de l'exécution musicale.

battements; ils comptent imperturbablement entre leurs
dents, durant tout le morceau.

MOUVEMENT BINAIRE.	MOUVEMENT TERNAIRE.
1 — 1 — 1 — 1	1. — 1. — 1. — 1.
12 — 12 — 12 — 12	123 — 123 — 123 — 123
1234 — 1234 — 1234 — 1234	123456 — 123456
12345678 — 12345678	123456789101112 — 123456789101112

L'instinct musical s'appuyant ainsi sur la règle chif-
frée est et sera toujours un moyen éminemment supérieur à tous les chronomètres, métronomes des temps
passés, présents, futurs.

Il me paraît donc démontré que, pour l'indication de
la mesure, les nécessités ont été dépassées, car dans
quelque pièce musicale que ce soit, hormis le cas d'une
contremande dans le courant d'un morceau, on ne
trouvera jamais que les mensurations que voici (*fig.* 2).

Lesquelles résument fort bien la numération des Allemands.

Un seul mot reste à dire sur les silences, dans le système usuel.

Le silence de la ronde, blanche, noire, croche, double croche, triple croche, quadruple croche était sous-
entendu par la mesure ou pause, la pause ou demi_

pause, le soupir, le demi-soupir, le quart de soupir, le
huitième de soupir, le seizième de soupir.

Dans le nouveau système, on a jugé qu'il n'y aurait
aucune espèce d'inconvénient à représenter par le signe V,
image du vide, toutes les valeurs silencieuses indistinctement ; partout le plein répond par le vide, et *vice versa*.
Cette rafle de superfluités vertit au profit du temps
ainsi qu'au soulagement de la vue (*fig*. 3).

Tout cela me paraît suffisamment démontré, mais la
conscience du vrai me fait un devoir d'appeler l'examen le plus sévère sur toutes les parties de la réforme
dont j'ai l'honneur de prendre l'initiative. Je suis loin
de rougir en déclarant hautement que si l'on ne ren-
contrait dans les moyens proposés que des imperfec-
tions tolérables, le plus grand service à me rendre serait de me mettre à même d'y remédier, car il n'est pas
de difficultés dont l'assiduité et l'opiniâtreté ne triom-
phent. Je ne saurais, au surplus, réclamer trop d'intérêt, trop d'indulgence même en faveur des prodigieux
résultats qu'aurait le système phonique, dont je vais
faire l'exposé aussi brièvement que possible.

TROISIÈME PARTIE.

—

EXPOSÉ DU SYSTÈME PHONIQUE.

De l'examen qui précède, il résulte rigoureusement :

1° Qu'un son n'a point de valeur absolue, et n'a qu'une valeur relative ; qu'on ne saurait lui assigner une place précise dans une échelle, sans le comparer aux autres sons de cette échelle (*) ;

2° Qu'il n'existe pas de véritable unisson, et que, par *unisson*, l'on entend seulement dire des sons ayant assez de similitude pour que la différence qui existe entre eux n'offense pas l'oreille ;

(*) Il s'ensuit aussi qu'un son fondamental absolu n'est qu'une chimère, à moins qu'on ne veuille désigner ainsi un son placé tout à fait au grave de la phonie ; dans ce cas, alors, chaque phon jouit du privilège de servir de fondamental ou générateur, d'autant plus rationnellement, que, dans ses combinaisons avec les autres phons, il se présente

toujours sous les trois aspects.	1	Bas, fort, au début.	2	Moyen, mixte, au milieu.	3	Elevé, faible, au déclin.

3° Qu'un son donné comporte avec soi la résonnance implicite de quinte à l'aigu (*), et qu'en partant d'un phon quelconque, l'on obtient, par direction, une série disjointe de douze quintes ascendantes, lesquelles, au moyen des octaves au grave, sont les degrés conjoints du cercle harmonique, de l'octave jadis, du polyphon aujourd'hui.

4° Qu'une seule et même corde, un seul et même tube ne peuvent pas donner l'octave de l'unisson, soit au grave, soit à l'aigu, sans le concours de l'art, et que cette octave, aussi parfaite image de l'unisson que l'esprit peut se le présenter, jouit d'une justesse proverbiale et mathématique ; d'un cheveu trop élevée, d'une molécule trop basse, l'oreille humaine n'en veut pas ;

5° Qu'à défaut de rhythme, ce que l'on est convenu de nommer mesure, n'est qu'un être de raison, qui résume en soi l'idée de battements pairs dans les mouvements binaires, et de battements impairs dans les mouvements ternaires, dont le nombre n'excède pas six, et la durée, comparée à la seconde horaire, temps vrai du chronomètre Lepautre, placé dans le palais de la Bourse de Paris est de :

(*) Tel que *do* comprend *sol*, *sol* ne comprend pas *do*, il comprend *ré*. C'est *fa* qui comprend *do*, lequel *do* ne comprend pas *fa*.

70 tierces ou 1 seconde 1/6 pour le battement le plus lent ;

35 tierces ou 3/5 de seconde pour le battement moyen ;

10 tierces ou 1/6 de seconde pour le battement le plus vif.

C'est sur ces données, à la fois simples et lucides, que repose dans toutes ses parties le système phonique. A quoi bon, si l'on est pénétré des vérités qu'il renferme, se jeter dans une foule de calculs et s'abandonner à des abstractions inintelligibles ?

Dès qu'il est bien démontré que le cercle harmonique est définitivement fixé à douze phons, pourquoi recourir à des formules surannées qui en laissent supposer un plus grand nombre ? Des homonymies ne sont qu'un surcroît d'embarras, et dans un siècle tout positif, l'on ne satisfait personne avec des fictions. Si ceux qui admettent 15, 16, 17, 18, 19, 20, 21 quintes dans le système musical sont de bonne foi, leur erreur est à plaindre ; s'ils n'ont en vue que de jeter de la poudre aux yeux, ils doivent comprendre qu'on ne trompe pas toujours.

Pourquoi donc s'obstiner l'éternité durant à résoudre un problème qui, s'il ne l'était pas par la présence des douze satellites de l'unité musicale, n'ajouterait rien d'utile à l'art? Le cercle harmonique et ses divisions nous sont connus; n'en cherchons plus la cause, tâchons d'en déduire toutes les conséquences inhérentes; n'allons pas en arrière, marchons en avant.

Animé de pareils sentiments, je me suis mis à l'œuvre; mais les premiers pas dans une voie nouvelle sont nécessairement chancelants; le pilote le plus exercé n'entre pas sans émotion dans des parages où nul n'a pénétré avant lui; là tout devient obstacle; ici des bâtons flottants ressemblent à des montagnes.

C'est ce qui m'arriva lorsque, convaincu que douze signes représentant douze phons convenaient à la notation de toute espèce de musique, il me les fallut créer. Cette création semble au premier aspect ne devoir être qu'un jeu d'enfant. Il en est ainsi de toutes les découvertes rationnelles : elles paraissent d'une extrême simplicité quand on les a faites; mais il n'en est pas de même quand on les cherche, et l'on comprendra, malgré leur imperfection, la peine que m'a donnée cet enfantement, si l'on veut bien remarquer qu'il ne s'agissait pas seulement de trouver douze signes parfaitement distincts pour les douze différents phons, il fallait en outre qu'ils se prêtassent au principe blanc et au principe noir, l'un et l'autre maintenus, attendu que tout autre procédé n'équivaudrait pas à beaucoup près; il fallait encore qu'ils pussent être soumis au plein aussi bien qu'au vide, que la plume les traçât plus subtilement que l'ancienne notation, plus vite que le chant, et, de plus, qu'un lien commun les rattachant aux indications de leurs durées respectives, les formes de chacun d'eux fussent assez tranchées pour n'être jamais confusibles, alors même que la rapidité du tracé leur causerait de notables déformations.

Après nombre d'épreuves, après des forêts de signes, chiffres, figures, pris, changés, repris, rejetés, j'ai dû, faute de mieux, m'en tenir à ceux-ci (*fig.* 4).

Afin de ne pas contrarier l'habitude française, je continue d'appeler *do, ré, mi, fa, sol, la, si,* sept de ces signes représentés par les sept touches blanches du piano; aux cinq autres, représentées par les touches noires, et destinées à exprimer les phons :

| ♯ *do* | ♯ *ré* | ♯ *fa* | ♯ *sol* | ♯ *la* |
| ♭ *ré* | ♭ *mi* | ♭ *sol* | ♭ *la* | ♭ *si* |

J'ai donné les noms de *ti, no, ké, bi, vé.*

J'avoue franchement que la structure de ces douze

signes est de toutes les parties de mon système celle qui me satisfait le moins, quant à la vue seulement ; mais, malgré l'opiniâtreté laborieuse dont je suis doué, il m'a été impossible de trouver mieux ; je dirai plus, c'est que s'il avait fallu, sans sortir du tracé rectiligne et curviligne, créer un treizième phon, j'aurais été contraint, à mon très-grand regret, de doubler l'un des douze signes.

La difficulté s'augmentait de ma persistance à offrir en même temps à l'œil les sauts ascendants ou descendants des phons, à donner l'idée du degré qu'ils occupent dans l'échelle, la nature et le chiffre de l'intervalle, produits par la succession, opinion complexe que j'avais puisée dans J.-J. Rousseau. Enfin, j'eus le bonheur de reconnaître que la proposition était purement chimérique, attendu que la notation des douze phons se faisant sur une ligne horizontale, on ne plaçait pas un phon sur telle ligne sans avoir constamment à l'esprit la nature et le chiffre de l'intervalle, ainsi que les circonstances ascendantes ou descendantes, que les contacts des phons précédents ou successifs provoquent (*fig.* 5).

Bien des personnes, assurément, s'offusqueront de l'étrangeté des nouveaux signes, il leur paraîtra presque impossible d'en retenir et d'en décrire les contours. Elles changeraient bientôt d'avis s'il leur plaisait de se

reporter un instant aux notations usuelles, aux écritu-
res, sténographiques, tachygraphiques, aux typogra-
phies orientales, que l'on écrit et lit sans équivoque
au bout de quinze jours, malgré leurs contorsions
monogrammiques, hiéroglyphiques, et malgré les déformations que la prestesse leur cause (*).

Ainsi, je me battais contre un fantôme, car tout ce
qui peut intéresser l'esprit et le jugement se trouve
prévu : la nature, le mouvement, le chiffre des intervalles stationnaires ou voyageurs, au bas comme en haut,
tout est à découvert.

Si les signes proposés n'ont pas le degré de perfection que j'aurais désiré, je suis au moins certain que
les appréciateurs les trouveront mille fois préférables
à l'emploi des chiffres secs proposés par plusieurs ré-
formateurs, lesquels chiffres ont toutes sortes d'incon-
vénients, d'abord une mobilité incessante à chaque
changement de tonalité ; presque jamais d'accord avec
le chiffrage intervallique, de bas en haut comme de
gauche à droite ; en outre, ils vous reportent, soit au
système imparfait des nuances oubliées, soit à ce-

(*) Pour qui ne sait lire, notre écriture est une broderie, une mosaïque ;
et pourtant quelques jours suffisent à un enfant pour retenir la forme
des lettres et posséder la clef de leurs innombrables sonnances, pro-
nonciations et articulations.

lui des sept clefs anciennes, universellement décon-
sidérées.

Enfin, leurs formes cassantes et repoussantes n'offrent rien qui permette un lien absolument indispensa-
ble pour rattacher la sonnance des phons aux signes
représentatifs de leur durée.

La nouvelle notation est parfaitement exempte de
ces graves défauts. Chaque phon jouit d'une distinction
personnelle et d'une indépendance absolue, soit qu'il
serve de basse, de partie intermédiaire ou supérieure,
sans perdre néanmoins l'empreinte du mouvement
qu'il ressent ou qu'il suscite.

La nouvelle notation se fait, comme il est dit ci-dessus, sur un plan horizontal, à partir du phon *do* jusqu'au phon *si*, inclusivement. Quand on dépasse le *si*,
le *do* qui vient après monte d'un étage avec toute sa famille (*fig.* 6). En opérant par inversion, le phon *do* conserve toujours la place supérieure, et le phon *si*, qui
vient après, descend d'un étage avec sa propre famille
(*fig.* 7). Tout est combiné de manière à éviter la confusion et les conflits, soit que l'on monte, soit que l'on
descende, l'ordre le plus parfait règne à l'intérieur
comme aux points extrêmes de n'importe quelle échelle
donnée.

L'opération peut s'analyser ainsi :

```
                                        do—si.
                              do—si        85.
                    do—si        73
          do—si        64
     do—si        49
do—si        37
Do—si        25
 1  12
```

On voit qu'au moyen d'une seule ligne, pour la gravure ou l'impression, car pour l'écriture le besoin ne
s'en fait pas autrement sentir, on peut colloquer trente-
sept phons, soixante-un à l'aide d'un petit numéro 13
supérieur ou inférieur, et par extension quatre-vingt-
cinq phons.

S'il arrivait que l'on confectionnât des claviers sur-
naturels d'orgues, de harpes, de pianos, d'harmoniums,
d'éoliennes, le tracé de deux légères lignes, livrerait
place à cent vingt-cinq phons pour une seule main,
par conséquent à deux cent cinquante pour les deux.

En tout la provision double la demande, lorsqu'elle
ne la triple pas, et pour la majeure partie des voix et
des instruments orchestrés, le tracé d'une ligne outre-
passe le besoin.

La nouvelle notation débarrasse aussi la vue, l'esprit et la mémoire d'une phalange de dièses simples et doubles, de bécarres, de bémols simples et doubles, de soupirs et fractions de soupirs. Le signe V, pointé ou non pointé, remplace toute la partie silencieuse d'une manière précise; le plein, dans tous les cas, répond du vide et *vice versa*.

En outre, cette notation a prévu, du grave à l'aigu, le degré d'élévation de neuf à dix octaves ou polyphon dans l'étendue comparée d'un grand clavier. Le compositeur ayant soin d'indiquer en tête de chacune des parties d'une pièce de musique le timbre du diapasonnage, l'exécutant sera renseigné positivement (*fig.* 8).

Toutes les manières conventionnelles d'indiquer le caractère essentiel des compositions, tels que *tempo*, *risoluto*, *cantabile*, *adajo*, *col expressionne*, *col moto*, *etc.*, ou les nuances telles que *piano*, *forte*, *crescendo*, *moriendo*, *dolce*, *etc.*, sont maintenues, sauf la recommandation d'en user avec sobriété, car l'abus farcit les partitions de nuances, le plus souvent insaisissables ou contradictoires.

La manière d'indiquer les mesures est une modification bien entendue, afin de laisser moins de vague et de prise à l'arbitraire. (Voici les formules nouvelles) (*fig.* 9).

Chacune d'elles, suivie du type horaire affecté à la blanche, noire, croche, etc.

Nul doute qu'un certain nombre d'instrumentistes, notamment les violonistes, les violoncellistes, vont trouver étrange de n'avoir qu'une seule sonnance entre ♭ *ré* et ♯ *do*, car ♯ *do*, sur les instruments à sons filés, est imperceptiblement plus élevé que ♭ *ré*, surtout quand la comparaison se fait pour ♯ *do* d'après une corde à vide *la naturel*, dite sonnance blanche, et pour ♭ *ré* d'après un ton bouché ♭ *si bémol*, dite sonnance couverte.

Ces messieurs en concluront que l'harmonie doit souffrir de cet amalgame; la puissance de l'habitude les fera hésiter sur la manière de doigter ; ils conserveront longtemps la souvenance de l'effet *do bémol*, *si naturel*, *do naturel*, *si dièse*, *fa bémol*, *mi naturel*, *fa naturel*, *mi dièse*, *sol bémol*, *fa dièse*, *la bémol*, *sol dièse*, *etc.*, mais qu'ils expérimentent sur leurs instruments les quintes à vide, dites blanches, les quintes bouchées, dites couvertes, et ils reconnaîtront qu'elles ne diffèrent pas le moins du monde des quintes fournies par les orgues, les pianos, les harpes, les instruments à vent ou autres.

L'adoption du système phonique n'interdit à personne la faculté de faire sonner à part ♯ *do*, à part ♭ *ré*,

la, ♭ si, *etc.*; au contraire, la prise à part de ces intervalles, de même que leur substitution ou leur change sont autant de nouvelles variétés favorables aux effets harmoniques. La force de la modulation pour l'ancien systéme, la puissance de la triade harmonieuse dans le nouveau, justifient pleinement tous les résultats ; une négative au milieu de quatre-vingt-dix-neuf affirmatives fait-elle sensation ? Les violoncelles, les violes ont beau résonner ♭ *fa*, quand la cuivrerie et les contre-basses imposent un *mi naturel*, toute dissidence se fond dans le torrent harmonique.

Il est évident qu'une différence aussi minime à l'aide d'un tâtonnement ingénieux du doigt, peut être imperceptiblement acceptée par une oreille raffinée, par des organes d'une excessive délicatesse, quand le violoniste, seul dans sa chambre, se procure cette volupté, car il ne faut pas parler de cela au chanteur, au corniste, au pianiste, au harpiste ; mais dans le concours de plusieurs parties accessoires ou obligées, but essentiel de la musique, ces différences échappent complétement à l'appréciation des exécutants et des auditeurs.

Qu'on me permette une dernière observation sur ce point. Personne n'ignore que nos notabilités vocales intonnent perpétuellement dans le *cantabile* des intervalles mixtes, batardés, de fantaisie, qu'aucune puissance mathématique n'a déterminés, qu'aucune notation ne saurait prévoir ; dit-on pour cela qu'elles chantent faux ? N'est-il pas également vrai que, dans une tenue vocale ou instrumentale, un seul son filé a trois caractères distincts, au début, au plein, au déclin ? Tient-on compte, je le demande, de ces divergences ? Ah ! plût à Dieu que les amateurs, certains artistes même, ne dépassassent jamais ces différences insensibles, inappréciables du reste à l'oreille, puisqu'elles n'équivalent qu'à un enharmonique et demi, ou au cent onzième environ du polyphon, et que nous considérons le ton enharmonique mineur, composé de trois enharmonique, ou 3/111 du polyphon, comme le plus petit intervalle appréciable, encore faut-il l'entendre avec recueillement dans le silence de la nuit ; mais ce serait un prodige, et le temps des miracles est passé.

Convaincu des vérités que j'émets, à une époque reculée, où la musique avait pour moi un attrait inexprimable, je voulus aussi me rendre compte de l'admiration inextinguible de J.-J. Rousseau pour ses effets pathétiques et déchirants qu'il attribuait à la note *do bémol* artistement employée ; et, comme dans toutes les discussions possibles, l'expérience est l'*ultima ratio*, à différents concerts, au lieu des harmonies

$$
\begin{array}{ccc@{\qquad}ccc@{\qquad}ccc@{\qquad}ccc}
6+8\,8 && & 6+ & 8 & 5 && 6+8\,8 && 6+ & 8 & 5 \\
5\ \ 6\,5 && & 5 & 3 & 3 && 4+6\,5 && 4+ & 5 & 3 \\
3\ \ 4\,3 && & 3 & 5 & 8 && 3\ \ 4\,3 && 3 & 3 & 8 \\
\end{array}
$$

♭ do ♭ si = ♭ do ♭ si ♭ mi = ♭ do ♭ si = ♭ do ♭ si ♭ mi (*).

je fis substituer dans l'instrumentation partielle ou générale les harmonies

$$
\begin{array}{ccc@{\qquad}ccc@{\qquad}ccc@{\qquad}ccc}
(7) & 8\,8 && (7) & 8 & 5 && (7) & 8\,8 && (7) && 8 & 5 \\
5 & 6\,6 && 5 & 3 & 3 && 5 & 6\,5 && 5 && 5 & 3 \\
3 & 4\,3 && 3 & 5 & 8 && 3 & 4\,3 && 3 && 3 & 8 \\
\end{array}
$$

si ♭ si = si ♭ si ♭ mi = si ♭ si = si ♭ si ♭ mi (*).

Quel fut le résultat de mon stratagème? C'est que
les initiés n'aperçurent aucune dissemblance dans ces
passages, soit qu'ils fussent présentés sous l'état nor-
mal, soit sous l'état artificiel. Il y a plus, les connaisseurs non prévenus penchaient au contraire pour l'état
tronqué, qu'ils trouvaient, disaient-ils, plus agaçant et
fascinant. L'expérience prouve donc que ♭ do n'était
placé là que pour l'intelligence de l'âme, et qu'à l'orchestre l'effet de la substitution échappe complétement
à l'appréciation des auditeurs les plus compétents.
Inutile du reste d'ajouter que cette propriété du fameux

(*) Ce sont les anciens chiffrages. Pour les harmonistes, il suffit de
fournir une analyse pour se faire comprendre.

♭ *do* est absolument commune à tous les autres intervalles placés dans les mêmes conditions.

Ne serait-ce pas une outrecuidance un peu trop forte
que de prétendre faire des doigtés les régulateurs des
rapports harmoniques ou mélodiques, et n'est-il pas
évident que ces doigtés au contraire doivent être subor-
donnés aux principes rationnels de l'art?

Je crois devoir placer sous les yeux des connaisseurs
un calcul divisionnaire du polyphon, étincelant de justesse et de vérité, non que je lui concède la vertu pro-
créatrice du système harmonique, mais parce qu'il mérite d'être distingué de la foule des calculs. Les rapports
intervalliques et leurs influences réciproques s'y trouvent établis de manière à contenter les plus difficiles
(*fig.* 8).

Personne assurément n'attribuera l'existence de l'harmonie à un calcul ingénieux, scientifique, pas même au
susdit, malgré ses vraisemblances enchanteresses. Qu'il
me soit permis pourtant de faire remarquer que peu de
nations ont poussé plus loin que les anciens Grecs l'é-
tude de la philosophie, et que déjà à cette époque reculée le principe de la résonnance extra-vocale, extra-
instrumentale était deviné, puisqu'on avait créé le mot
acousmate pour définir *un bruit, une sonorité, assez sem-*

blables à des voix ou des instruments, que l'oreille étonnée croit souvent entendre dans l'air !... C'est à ce principe caché que l'harmonie doit indubitablement son être, principe dont j'ai donné plus haut une définition telle que je la comprends, c'est-à-dire la résonnance implicite et multiple des quintes dans tel son donné. Si je me suis trompé sur l'identité du principe, c'en est vraisemblablement un analogue qui a dû servir de base à l'appréciation des intervalles phoniques.

L'ancien système a tiré des éléments harmoniques calculés, ainsi ou autrement, toutes les conséquences qui lui convinrent : genres, diatonique, chromatique, enharmonique, mixtes, tétracordes, simples ou composés, modes, majeurs ou mineurs, gammes mélodiques, formules d'octaves, consonnances parfaites ou imparfaites, dissonnances à diverses conditions. Qu'il ait eu raison ou non, le nouveau système respecte ces précieuses traditions ; souple comme un gant, il se soumet à toutes les comparaisons intervalliques usitées avant lui ; seulement, il n'admet rien d'une manière absolue. Là, par exemple, où l'ancien système a cru trouver une dissonnance de septième mineure d'un effet touchant ou de sixte augmentée d'un effet irritant, le mien l'accorde, mais il y voit tout simplement l'emploi d'une corde mélodique remisse au premier cas, et d'une corde mélodique intense au second, parce qu'il lui répugne, dans un art fait pour séduire l'oreille, d'employer un mot tel que dissonnance, défini par les uns, sonner à part, sonner double; par les autres, sonner mal ou faux; par le Dictionnaire académique, sonner contrairement à la consonnance. Que signifie tout cela? Le mot dissonnance voudrait-il donc dire une anomalie ou un non-sens?

J'avais d'abord pensé à publier un traité complet de l'art phonique, qui embrassât l'universalité des notions musicales, toutes dépendantes du principe unique.

1er Anneau. Phonie-Sténophonie. — Action de nommer, lire, écrire et solmiser chaque phon dans toutes les échelles possibles.

2e Anneau. Polyphonie-Mélophonie. — Action de combiner les phon pour obtenir des effets mélodieux.

3e Anneau. Monos-Phonie. — Action de soumettre les phon combinés à des battements symétriques afin d'obtenir des effets harmonieux et mélodieux.

4e Anneau. Dialectophonie. — Action de soumettre la poésie à l'art phonique, et de donner à la musique un caractère de versification qui lui soit propre.

5e Anneau. Symphonie.—Action de masser les phon, les instrumenter, les orchestrer, obtenir des effets propres à émouvoir.

Mais j'ai pensé qu'à l'apparition d'une nouveauté, il serait prudent de laisser aux esprits le temps de se préparer. J'ai craint aussi que l'on ne se crût autorisé à déverser sur moi les mêmes reproches que j'adresse à d'autres; à savoir, qu'il est illogique et dangereux d'assigner du premier jet des limites à une création. Il m'a donc paru sage et raisonnable de faire des applications (*fig.* 9 et suivantes) et d'attendre que les opinions diverses pussent se manifester avant de passer outre.

L'art phonique, exclusivement basé sur l'identité des douze phon conjoints, résultat de douze quintes disjointes, devait se borner à reconnaître à chacun d'eux un droit égal à servir tour à tour de corde harmonieuse ou de corde mélodieuse, si bien que c'est le rapprochement ou l'éloignement des quintes implicites et multiples par ordre de génération, qui détermine précisément le degré plus ou moins harmonieux ou mélodieux d'un phon dans son état comparé, et qui, l'influençant par ces mêmes motifs à monter plutôt qu'à descendre, et *vice versa*, le font considérer aussi comme corde harmonieuse ou mélodieuse intense quand il y a marche ascendante forcée, et comme une corde harmonieuse ou mélodieuse remisse, s'il y a contrainte descendante.

Tous les doutes qui, dans ce long travail, pouvaient affaiblir mes convictions, s'évanouirent au fur et à mesure que je faisais de nouvelles applications. J'ai, plus que jamais, confiance en mon œuvre, et il est évident que le système phonique est destiné à opérer une rénovation complète dans l'enseignement de la musique; réforme salutaire, puisqu'elle doit avoir pour résultat de populariser cet art dont l'influence morale et civilisatrice est incontestée, et que, grâce à ce système, il sera possible et facile d'obtenir en fort peu de temps des connaissances musicales supérieures à celles qui ont exigé jusqu'ici de longues années d'études (*).

(*) Que de choses, il y a moins d'un siècle, auraient été taxées d'utopies, dont la réalisation soudaine fait qu'on en parle à peine: l'éclairage au gaz, le luminaire électrique, la vapeur aux voies marines, terrestres, l'étincelle télégraphique, l'éthérisation, etc., etc. D'où il faut conclure que tout ce qui émane de l'esprit et de la main de l'homme n'est doué que d'une perfectibilité et d'une durée relatives et momentanées. L'application et le temps modifient tout, et, pour rentrer dans notre sujet, cette réforme soit-elle universellement acceptée, subira la loi commune. Au bout d'un temps donné, le système sera jugé par nos descendants encore trop compliqué, ils l'amenderont ou le remplaceront *par pari refertur.*

Donc, la vérité absolue n'est qu'une chimère; donc le vrai, accrédité tel durant dix siècles, peut, aux yeux de la postérité, passer pour une erreur, un mensonge; donc le monde est un théâtre dont le rideau,

Quelques autres avantages sont remarquables : 1° dispense de papier réglé ; 2° faculté d'employer des milliers d'abréviations générales ou partielles sans nuire à la clarté des détails ni à l'intelligence du texte ; 3° liberté de donner à une partie, aux paroles par exemple, un espace raisonné, ou de rapprocher à propos deux parties qui vont bien ensemble; 4° économie de temps, épargne de frais (*).

Je ne tairai pas, non plus, que l'adoption du système phonique ne saurait porter atteinte à aucune position acquise dans le monde artistique, puisqu'en ouvrant des voies nouvelles, sans fermer les anciennes, on étend le domaine musical et l'on décuple le nombre de ses tributaires.

---

toujours levé, n'offre que des perfectionnements, des réminiscences, toujours neufs il est vrai pour les derniers venus ; donc, la préexistence c'est la continuité, c'est la renaissance, c'est la résurrection, c'est l'éternité, c'est l'immortalité. Problème complexe et perplexe dont la solution est... Dieu seul est grand.

(*) Il résulte de certains calculs qu'avec vingt transcripteurs payés 5 fr. par jour chacun, il est possible, en moins de deux années, de faire la traduction des œuvres choisies déposées dans les bibliothèques, chapelles et conservatoires de Paris. La dépense, y compris une dizaine de mille francs de bon papier, n'excéderait pas cent mille francs. L'on aurait, par ce moyen, ces précieux ouvrages écrits des deux manières, tandis que la transcription des mêmes œuvres, d'après le mode usuel, exigerait peut-être deux millions.

Et, maintenant, viennent les avis, les observations, les objections; c'est avec joie que je les accueillerai. Mon système prouve évidemment que je ne suis point exclusif. Il n'est pas de concession juste et raisonnable que je ne sois prêt à faire, et, loin de redouter la critique, je l'invoque. Mon œuvre, résultat de longues et consciencieuses études, est celle d'un ami sincère de l'art et des artistes; à ce titre, elle ne peut manquer d'être accueillie par les hommes d'élite auxquels je l'adresse, et dont le concours sera, pour moi, la plus douce et la plus flatteuse rémunération (*).

(*) L'honorable et révérend B... de W....zt m'ayant fait la proposition d'ouvrir à Philadelphie, la première *lancaster* de ma Méthode phonique, je n'ai pas hésité à décliner cet honneur, considérant que le premier de mes devoirs était de faire hommage à mon pays du fruit de mes travaux. Si c'est là un acte d'égoïsme national, j'espère qu'on me le pardonnera.

TABLE DES MATIÈRES.

Paris. — Imprimerie de POMMERET et MOREAU, quai des Augustins, 17.

Comparaison.	Nombre des enharmoniques.	INTERVALLES.	Comparaison.	Nombre des enharmoniques.	INTERVALLES.
do.	0	Inappréciable.	Do à ré.	19	Seconde majeure. 2
	1	Inappréciable.		20	
	2	Inappréciable.		21	
Do à ♭♭ ré.	3	Enharmonique mineur appréciable (le plus petit).		22	
	4			23	
Do à ♯ si.	5	Enharmonique majeur.		24	
	6			25	
	7			26	
Do à ♭ ré.	8	Seconde mineure. (2)	Do à ♭ mi.	27	Tierce mineure. (3)
	9			28	
	10			29	
Do à ♯ do.	11	Unisson augmenté. 1 X	Do à ♯ ré.	30	Seconde augmentée. 2 X
	12			31	
	13			32	
	14			33	
	15			34	
Do à ♭♭ mi.	16	Tierce diminuée. -3-	Do à ♭ fa.	35	Quarte diminuée. -4-
	17			36	
	18			37	

Comparaison.	Nombre des enharmoniques.	INTERVALLES.	Comparaison.	Nombre des enharmoniques.	INTERVALLES.
Do à mi.	38	Tierce-majeure. 3	D à ♯ fa.	57	Quarte augmentée. 4×
	39			58	
	40			59	
	41			60	
	42			61	
	43			62	
	44			63	
	45			64	
Do à fa.	46	Quarte. 4	Do à sol.	65	Quinte. 5
	47			66	
	48			67	
Do à ♯ mi.	49	Tierce augmentée, 3×		68	
	50			69	
	51			70	
	52			71	
	53			72	
Do à ♭ sol.	54	Quinte diminuée. -5-	Do à ♭ la.	73	Sixte mineure. (6)
	55			74	
	56			75	

Comparaison.	Nombre des enharmoniques.	INTERVALLES.	Comparaison.	Nombre des enharmoniques.	INTERVALLES.
Do à ♯ sol.	76	Quinte augmentée. 5 ✕	Do à ♯ la.	95	Sixte augmentée. 6 ✕
	77			96	
	78			97	
	79			98	
	80			99	
	81			100	
	82			101	
	83			102	
Do à la.	84	Sixte majeure. 6	Do à si.	103	Septième majeure. 7
	85			104	
	86			105	
	87			106	
	88			107	
	89			108	
	90			109	
	91			110	
Do à ♭ si.	92	Septième mineure. (7)	Do à do.	111	Octave 8
	93			112	Excédant.
	94			113	Excédant.
			Do à ♯ si (*)	114	Excédant.

(*) Remarquez et reportez-vous à la sixième ligne du calcul.

COMPARAISON.	INTERVALLES.	Nombre des enharmoniques.	FRACTIONS	
			d'octave.	de ton.
O	Enharmonique inappréciable. . .	$\frac{0}{0}$	$\frac{0}{111}$	$\frac{0}{19}$
O	Enharmonique inappréciable. . .	1	$\frac{1}{111}$	$\frac{1}{19}$
O	Enharmonique inappréciable. . .	2	$\frac{2}{111}$	$\frac{2}{19}$
Do à ♭♭ ré.	Enharmonique mineur (le plus petit) appréciable.	3	$\frac{3}{111}$	$\frac{3}{19}$
Do à ♯ si.	Enharmonique majeur appréciable.	5	$\frac{5}{111}$	$\frac{5}{19}$
Do à ♭ ré.	Semi-ton diatonique, somme des enharmoniques majeurs et mineurs. *Seconde mineure* (2).	8	$\frac{8}{111}$	$\frac{8}{19}$
Do à ♯ do.	Semi-ton chromatique d'un enharmonique majeur moins grand que le semi-ton diatonique. . . . *Unisson augmenté,* 1 ×. . . .	11	$\frac{11}{111}$	$\frac{11}{19}$
Do à ♭♭ mi.	Ton enharmonique d'un enharmonique majeur plus grand que le semi-ton diatonique et d'un enharmonique mineur plus petit que le semi-ton chromatique. *Tierce diminuée,* -5-.	16	$\frac{16}{111}$	$\frac{16}{19}$
Do à ré.	Ton diatonique d'un enharmonique mineur plus grand que le ton enharmonique, ... *Seconde majeure,* 2.	19	$\frac{19}{111}$	$\frac{19}{19}$
Do à ♯ ré.	Ton chromatique d'un enharmonique mineur plus grand que le ton diatonique. . . . . . . *Seconde augmentée,* 2 ×. . . .	22	$\frac{22}{111}$	

Comparaison.	Chiffrage ancien.	INTERVALLES.	Enharmonique.	Octave.	Unisson.	Phon.
Do à do.	1	Unisson.	114			
Do à do.	8	Octave.	—3			
			= 111	= 8	= 1	= 13
Do à ♭ ré.	(2)	Seconde mineure. .	8			
Do à si.	7	Septième majeure. .	103			
			= 111	= 8	= 1	= 13
Do à ♭♭ mi.	-3-	Tierce diminuée. . .	16			
Do à ♯ la.	6 ×	Sixte augmentée. . .	95			
			= 111	= 8	= 1	= 13
Do à ré.	2	Seconde majeure. .	19			
Do à ♭ si.	(7)	Septième mineure. .	92			
			= 111	= 8	= 1	= 13
Do à ♭ mi.	(3)	Tierce mineure. . .	27			
Do à la.	6	Sixte majeure. . . .	84			
			= 111	= 8	= 1	= 13
Do à ♯ ré.	2 ×	Seconde augmentée.	30			
Do à ♭♭ si.	-7-	Septième diminuée.	81			
			= 111	= 8	= 1	= 13
Do à ♭ fa.	-4-	Quarte diminuée. . .	33			
Do à ♯ sol.	-5-	Quinte augmentée. .	76			
			= 111	= 8	= 1	= 13
Do à mi.	3	Tierce majeure. . .	38			
Do à ♭ la.	(6)	Sixte mineure. . . .	73			
			= 111	= 8	= 1	= 13
Do à fa.	4	Quarte.	46			
Do à sol.	5	Quinte	65			
			= 111	= 8	= 1	= 13
Do à ♭ sol.	-5-	Quinte diminuée. .	54			
Do à ♯ fa.	4 ×	Quarte augmentée. .	57			
			= 111	8 =	= 1	= 13

Do à ♯ st. L'octave est excédée. . . .

$$114 = 8 + \frac{3}{114} = 13 + \frac{3}{114}$$

L'octave à raison de 5 tons diatoniques. = 95
Et 2 semi-tons diatoniques. . . . . . = 16 } $\;111 = 8 = 1 = 13$

La différence des deux termes. . . . . . $= 3 = 0 + \dfrac{3}{114} = 0 + \dfrac{3}{114}$

Au début la quotité des inappréciables. . $= 3 = 0 + \dfrac{3}{114} = 0 + \dfrac{3}{114}$

Partant.   0   0   0

3 enharmoniques étant la différence imperceptible entre les anciennes dissonances majeures et les mineures, la moyenne exacte = 1 enharmonique 1/2, parce que notre comparaison est toujours d'après *do* tonal, mais la musique étant omnitonique, il est évident que les comparaisons variant sans cesse, les différences sont plus minimes, par conséquent inauditives.

Comparaison.	INTERVALLES.	Enharmoniques.
Do à ♯ do.	Semi-ton chromatique 1 ✕ unisson augmenté.	11
Do à ♭ ré.	Semi-ton diatonique (2) seconde mineure. . .	8
	Différence { mathématique.	3
	auditive moyenne.	1 1/2
	plus petite appréciable. .	1 1/2
	Preuve.	0
Do à ♯ fa.	4 ✕ quarte augmentée.	57
Do à ♭ sol.	-5- quinte diminuée.	54
	Différence { mathématique.	3
	auditive moyenne.	1 1/2
	plus petite appréciable. . .	1 1/2
	Preuve.	0
Do à ♯ sol.	5 ✕ quinte augmentée.	76
Do à ♭ la.	(6) sixte mineure.	73
	Différence { mathématique.	3
	auditive moyenne.	1 1/2
	plus petite appréciable. .	1 1/2
	Preuve.	0
Do à la.	6 sixte majeure.	84
Do à ♭♭ si.	-7- septième diminuée.	81
	Différence { mathématique.	3
	auditive moyenne. . . .	1 1/2
	plus petite appréciable. . .	1 1/2
	Preuve.	0
Do à ♯ la.	6 ✕ sixte augmentée.	95
Do à ♭ si.	(7) septième mineure.	92
	Différence { mathématique.	3
	auditive moyenne.	1 1/2
	plus petite appréciable. . .	1 1/2
	Preuve.	0

Dans n'importe quelle comparaison possible, toujours même différence inauditive. La musique étant omnitonique, ces différences sont encore plus faibles que 1 enharmonique 1/2.

ANCIEN SYSTÈME.				NOUVEAU SYSTÈME.			
INTERVALLES CONSONNANTS ET DISSONNANTS.		SONS.		PHONS.			CARACTÈRE DISTINCTIF DES INTERVALLES.
Octave.	8	do		15	do	+12	Harmonieux concluant.
Septième majeure.	7	si	18	12	si	+11	Mélodieux mixte.
Sixte augmentée.	6 ×	♯ la	17	11	vé	+10	Mélodieux intense.
Septième mineure.	(7)	♭ si	16				Mélodieux remisse.
Sixte majeure. . . .	6	la	15	10	la	+9	Harmonieux mixte.
Septième diminuée.	-7-	♭♭ si	14				Mélodieux remisse.
Quinte augmentée.	5 ×	♯ sol	13	9	bi	+8	Mélodieux intense.
Sixte mineure. . . .	(6)	♭ la	12				Harmonieux couvert.
Quinte.	5	sol	11	8	sol	+7	Harmonieux appellatif.
Quarte augmentée.	4 ×	♯ fa	10	7	ké	+6	Mélodieux intense.
Quinte diminuée. .	-5-	♭ sol	9				Mélodieux remisse.
Quarte.	4	fa	8	6	fa	+5	Harmonieux sourd.
Tierce majeure. . .	3	mi	7				Mélodieux remisse.
Seconde augmentée.	2 ×	♯ ré	6	5	mi	+4	Harmonieux.
Tierce mineure. . .	(3)	♭ mi	5	4	no	+3	Mélodieux intense.
Seconde majeure. .	2	ré	4				Harmonieux couvert.
Seconde mineure. .	(2)	♯ do	3	3	ré	+2	Mélodieux mixte.
		♭ ré	2	2	ti	+1	Mélodieux couvert
Unisson.	1	do	1	1	do		Harmonieux typique pris pour comparaison. Chaque phon jouit de ce privilège avec les mêmes relations.

18 sons, plus ♭ do, ♭ fa, ♭♭ si, ♭♭ mi, ♭♭ la, ♭♭ ré, ♯ mi, ♯ si, ♯♯ fa, ♯♯ do, ♯♯ sol, font 28 sons. — 12 phons seulement.

D'après l'art phonique, il suffit d'envisager chaque phon ou intervalle donné à volonté comme harmonieux ou comme mélodieux, mais comme mélodieux remisses ou intenses.

Si c'est remisse, une extrémité descendra, l'autre montera.

Si c'est intense, une extrémité montera, l'autre descendra.

Action au-dessus de la volonté, autrement licence ou écart du principe rationnel (les intervalles agrandis tendent à s'agrandir, les intervalles rétrécis tiennent à se rétrécir).

Les résultats issus de l'harmonie et de la phonie sont identiques pour l'oreille, mais la cadette, par sa clarté et sa simplicité, l'emporte sur l'aînée. L'on ferait à satiété des applications, que les preuves de supériorité se multiplieraient.

L'art d'imprimer, dans l'espèce, laisse à désirer; il m'impose des réserves, des impossibilités, ne fût-ce que l'absence du caractère. Aussi je n'offre les opérations que par direction ou ascendance, mais l'inversion sera facile aux adeptes. C'est de pratiquer le rebours pour avoir la descendance.

Le moment n'est pas éloigné où l'on confectionnera des matrices pour fondre du caractère, afin de livrer aux nombreux prosélytes par l'impression soudaine les publications qu'ils ont lieu d'attendre d'un mode aussi expéditif. On prétend que ces diverses conditions seront mieux remplies par la gravure ou la lithographie, l'avenir en décidera. Le fait est qu'un journal hebdomadaire ne tardera pas à paraître.

(*Memento*). La polyphonie repose, en thèse générale, sur une marche d'hypophon ou de basse supposée être ici :

Fa | do | sol | ré | la | mi | etc.

Chaque phon renferme sa quinte implicite, donc :

Do	sol	ré	la	mi	si
Fa	do	sol	ré	la	mi.

Une corde harmonieuse remisse ou intense complète la phonie.

Sol	ré	la	mi	si
No mi	vé si	fa ké	do ti	sol bi
Do	sol	ré	la	mi.

Cette disposition forme une triade harmonieuse, remisse ou intense, qui, quoiqu'énoncée trop sommairement, conduit néanmoins à l'intelligence des exemples du cahier des figures.

Paris. — Imprimerie de POMMERET et MOREAU, quai des Augustins, 17.

Impr. de Pommeret et Moreau, quai des Grands-Augustins, 17.